El anticristo
es editado por
EDICIONES LEA S.A.
Av. Dorrego 330 C1414CJQ
Ciudad de Buenos Aires, Argentina.
E–mail: info@edicioneslea.com
Web: www.edicioneslea.com

ISBN 978-987-718-523-2

Segunda edición. Impreso en Argentina.
Octubre de 2017. Talleres Gráficos Elías Porter

Nietzsche, Friedrich Wilhelm
El anticristo : una maldición contra el cristianismo / Friedrich
Wilhelm Nietzsche. - 2a ed. - Ciudad Autónoma de Buenos Aires :
Ediciones Lea, 2017.
128 p. ; 23 x 15 cm. - (Espiritualidad & pensamiento ; 18)

ISBN 978-987-718-523-2

1. Filosofía Contemporánea. I. Título.
CDD 193

Friedrich Nietzsche

El anticristo

Una maldición
contra el cristianismo

Introducción

Por Enzo Maqueira

"¡Los dioses han muerto, y ahora queremos que viva el Superhombre!
Sea esta alguna vez, llegado el gran mediodía, nuestra voluntad postrera".

Así habló Zaratustra, Friedrich Nietzsche.

Friedrich Nietzsche, la vida por la verdad

Nada podía hacer pensar que sería Friedrich Nietzsche (nacido el 15 de octubre de 1844 en Röcken, una aldea prusiana) quien dedicara gran parte de su apasionamiento en responsabilizar al cristianismo por los grandes retrocesos de la humanidad.

Hijo de pastores protestantes y de hondas convicciones religiosas, durante su infancia no dejaba de sentirse regocijado cada vez que se arrodillaba a implorar el perdón divino. Tanto era su amor por ese Creador que luego decretaría muerto, que al conocer la música de Bach en una Iglesia no pudo menos que considerar que, sin dudas, así debían cantar los coros de ángeles. El amor por Dios corre entonces de la mano de su embelesamiento ante las artes: antes de cumplir los diez años, Friedrich ya sabe que dedicará su vida a la religión y a la música. También sospecha que se ganará la vida como pastor, tal cual sus padres lo desean.

Lejos está de ser un mediocre: Friedrich se destaca por sus lecturas, sus intereses y sus conocimientos. Formado en la prestigiosa escuela provincial de Pforta, dedica sus primeros años de vida al estudio de autores de la antigüedad clásica y adopta el ascetismo como forma de vida. Además de su profunda religiosidad, sorprende la madurez y la sabiduría con la que el futuro filósofo habla a sus trece años, tiempo en que cree necesario realizar un balance de su vida:

"He vivido ya muchas cosas alegres y tristes, agradables y desagradables, pero sé que en todas ellas Dios me ha guiado con la misma seguridad que un padre a su tierno hijito. (…) He tomado la firme determinación de dedicarme para siempre a su servicio".

Lentamente sus convicciones comienzan a cambiar. Es un joven inquieto, curioso, lleno de preguntas. Es probable que gran parte de sus cuestionamientos, además, hayan nacido a partir de la desgracia con que el destino se burla de la fe de su familia: su padre fallece a los 36 años, a causa de una enfermedad nerviosa que lo deja agonizando durante meses. Hacia 1864, sin embargo, ese cambio en su pensamiento no termina de verse plasmado en los hechos: ese año se muda a Bonn, donde comienza a estudiar teología y filología clásica.

Al replanteo de las convicciones adquiridas por herencia, Nietzsche lo alimenta con lecturas y estudios acerca de los orígenes del cristianismo. En esa época lee la Vida de Jesús, del escéptico David Friedrich Strauss (1808-1874). Pronto condena la religión que antes amaba. Considera que se trata de una gran mentira que él debe desenmascarar.

"¿Acaso nuestra búsqueda tiene como fin la tranquilidad, la paz, la felicidad? No: lo que buscamos es solamente la verdad, aunque sea la más terrible y repelente… aquí es donde se separan los caminos de los hombres; si quieres la paz del alma y la felicidad, cree; si quieres ser un secuaz de la verdad, busca".

Y la verdad, o una de sus formas (Nietzsche renegó siempre de la idea de una verdad absoluta), se le fue presentando a través de dos maestros: el profesor Friedrich Ritschl, un filólogo que lo adoptó como su discípulo y a quien acompaña a Leipzig; y Arthur Schopenhauer, cuyo libro, El mundo como voluntad y representación, apasiona a Nietzsche por su pensamiento pesimista y ateo. Por entonces comenzaba a ganar prestigio como filólogo y fue convocado por la Universidad de Basilea, Suiza, para hacerse cargo de una cátedra. De todas maneras, comenzaba a sentir que la rigurosidad de dicha ciencia no permitía a su mente explayarse como necesitaba.

La vida de Nietzsche a menudo resulta confusa: era un intelectual, pero no dudó en participar voluntariamente en dos conflictos bélicos, primero como artillero y luego como enfermero. Fueron experiencias en donde acusó el recibo de su temperamento nervioso y su cuerpo propenso a contraer enfermedades. En realidad, en la guerra vivió los mismos traumas que a lo largo de toda su vida: padeció sífilis, difteria, disentería y sufría de fuertes dolores de cabeza. También tenía arranques de cólera y solía comportarse de manera extraña. Todavía no estaba loco, pero era un hombre solitario.

En plena guerra, Nietzsche comienza a escribir El origen de la tragedia, en donde aparecen algunos de los temas que luego abordaría en El anticristo: principalmente, la crítica de la racionalidad extrema como síntoma de una vida en decadencia y la exaltación de la vida y de lo instintivo. Pero el libro no es bien recibido por sus colegas, quienes lo consideran poco riguroso. Su prestigio en la filología cae abruptamente y, a partir de entonces, se vuelca de lleno en la filosofía.

La salud no le sobra a Nietzsche, que a los 36 años es preso de constantes enfermedades que lo obligan a abandonar sus tareas como docente. Los dolores de cabeza intensos le dejaban poco espacio para la lectura y menos aún para la escritura de su obra. Para entonces erraba por Europa en busca de ciudades y aldeas en donde recuperar su mejor forma física. En sus estadías en Sils-María, Nuremberg, Lepizig y Tautenberg va cosechando el fruto de sus pensamientos. Durante los sieguientes años, Nietzsche adquiere una voz y un estilo propios en El origen de la tragedia (1871), Humano, demasiado humano (1878), Aurora (1881), Así habló Zaratustra (1885), Más allá del bien y del mal (1886), La genealogía de la moral (1887), El anticristo (1888), Ecce Homo (1888) y El ocaso de los ídolos (1889), entre otras obras. En casi todos sus escritos se ocupa de los mismos temas: el fin de los valores judeocristianos, el advenimiento de un nuevo hombre, la exaltación de la vida, la muerte de Dios. En todos ellos lo hace con un espíritu combativo que obedece a un propósito: librar una guerra contra los valores de la decadencia, despertar a la humanidad de su letargo.

Puede dividirse la obra del filósofo en tres etapas: la primera comprende el período en el que aparecen sus influencias más tempranas: Schopenhauer y Wagner. Pueden incluirse en esta etapa El origen de la tragedia y las Consideraciones intempestivas, publicadas entre 1873 y 1876. En una segunda etapa inicia un combate contra sus maestros, a la vez que desarrolla su propio pensamiento. Abarca desde 1876 a 1882 e incluye Humano, demasiado humano, Aurora y La gaya ciencia. En los escritos de este período la crítica de Nietzsche es contra la religión, la moral y la metafísica, es una etapa de destrucción, en donde su guerra contra lo establecido adquiere mayor violencia. La tercera etapa incluye Así habló Zaratustra, Más allá del bien y del mal, Genealogía de la moral, El anticristo, El ocaso de los ídolos y Ecce homo. Nietzsche asume ahora una postura menos belicista, aunque su estilo sigue siendo descarnado y lleno de pasión.

Los años más prolíficos de Nietzsche como filósofo culminaron paulatinamente a medida que la enfermedad y la locura avanzaban. Toda su vida había errado por Europa buscando ciudades y aldeas en donde su cuerpo pudiera librarse de sus trastornos. Pero, aunque tuvo momentos saludables que pudo aprovechar para escribir la mayor parte de su obra, rara vez lo abandonó el desquicio de sus nervios, una característica que había heredado de su padre y que empeoró conforme avanzaba su edad. Nietzsche era un apasionado y su apasionamiento se parecía en mucho a una obsesión que rozaba los límites de la locura. Solitario, rechazado por mujeres a las que se acercaba para pedirles matrimonio a los pocos días de presentarse, aquel filósofo de vida errante terminó sus días como un bufón del sitio en donde estuviera. Hacia finales de 1888 y mientras vivía en Turín, Italia, se había convertido en un hombre atormentado por sus pensamientos: "Soy Dionisos", "soy Dios", "soy el Crucificado", decía para sus adentros. Había tomado con tanta seriedad su voluntad de partir en dos la historia del hombre, que creía haber sido Buda y haber sido Cristo. "Los cielos se alegran de que yo esté aquí. Yo, que estuve colgado en la cruz", le dice en una carta a una vieja amiga a quien llama "Mi amada Ariadna".

El 5 de enero de 1889, Nietzsche brinda en público el más memorable de los espectáculos de su locura: al llegar a un rincón de la piazza Carlo Alberto queda de frente ante un cochero que castiga a su caballo. Entonces pierde el control de su cuerpo y su mente no le permite frenarse a tiempo: en atolondrada carrera se arroja al cuello del animal, los ojos tristes y un llanto que termina cuando cae fulminado, preso de un desmayo que lo paraliza.

Entre ese episodio y la muerte se sucedería un tiempo en en que nada más que la locura quedaría de Friedrich Nietzsche. Internado en un manicomio y con su obra al cuidado de su madre y su hermana, alrededor de su figura se tejería una historia que terminaría por convertirlo en un escritor maldito, en un genio enloquecido, en el pretexto más célebre de los crímenes del nazismo. Nada de eso había sido su voluntad, sino el resultado de la avidez económica de sus albaceas. El sábado 25 de agosto de 1900, bastardeados su obra y su genio, Nietzsche finalmente murió. Pasarían muchos años antes de que su filosofía ocupara el sitio que hoy ostenta en la historia del hombre.

A propósito de El anticristo

El anticristo repite los planteos que Nietzsche había configurado en su libro anterior, Genealogía de la moral. Sólo que, en este caso, el ataque hacia el cristianismo es mucho más certero, más cruel y destructivo. Si en su obra anterior el filósofo busca desentrañar el origen de los conceptos ligados a la moral, en El anticristo es clara su vocación provocadora, su voluntad de despertar la conciencia del lector menos entrenado para dar fin a las mentiras de la religión y proponer el advenimiento de una nueva era. Pensado inicialmente como una parte de un proyecto mucho más ambicioso que se llamaría "La voluntad de poder", y más tarde como introducción de otra obra jamás concluida, "Trasmutación de todos los valores", El anticristo es un texto con no tantas novedades en cuanto al pensamiento de Nietzsche, pero eficaz a la hora de dar cuenta de esas ideas.

Fue su amigo Overbeck quien encontró el manuscrito, cuando viajó a Turín en 1889, tras el episodio de la piazza Carlo Alberto. Allí estaba El anticristo junto con otros papeles dispersos de aquellos proyectos más ambiciosos. En 1895, la hermana del filósofo logró su publicación. El título y la situación en la que Nietzsche se encontraba por entonces, internado en un manicomio y vociferando que era Dios, le dieron al libro un carácter panfletario que la ridiculizó tanto como creó un halo de misterio e interés alrededor de su autor. De hecho, y a pesar de que en la introducción advierte que se trata de un libro para unos pocos, es probablemente el más conocido de todos sus textos. No es casual que así sea: dividido en pequeños fragmentos, de estilo directo y polémicas observaciones que apuntan directamente a los valores más arraigados de la sociedad occidental, El anticristo atrae a lectores de múltiples estratos sociales y niveles educativos.

Era "el anticristo" uno de los pseudónimos preferidos de Nietzsche. Su libro no alude a esa figura bíblica, sino a su voluntad de ejercer un rol para el cual se sentía predestinado: convertirse en el principal enemigo del cristianismo, partir en dos la historia del hombre para eliminar los valores judeocristianos que considera contrarios a la naturaleza humana, una negación de la vida. Es preciso aclarar que Cristo no es el blanco de los ataques del filósofo; más bien parece sentir pena de que su mensaje haya sido tergiversado por quienes se hicieron cargo de narrar su vida. De alguna forma, Nietzsche rescata el mensaje original de Jesús, lo reinterpreta sin la "visión del resentimiento judío" que dio lugar a la nueva religión.

Pero no sólo el cristianismo es atacado por Nietzsche, que etiqueta como "síntomas de la decadencia" a otros rasgos occidentales como la metafísica, la compasión y el igualitarismo. Con la misma crudeza ataca a otros filósofos, principalmente a Immanuel Kant. Sin embargo, es en el cristianismo en donde Nietzsche encierra toda esta estructura de pensamiento, atacándolo como premisa fundacional de la devastación espiritual que sobrevino a los evangelios.

Lo que Nietzsche propone en su libro es un nuevo hombre, un hombre superior que deje atrás los decadentes valores enarbolados por el cristianismo: la compasión, la pobreza, la debilidad, la resignación; todas las actitudes propias de un pueblo cuyo Dios es un dios de los enfermos, una contradicción de la vida que hecha por tierra los grandes avances y civilizaciones alcanzados por la humanidad, como el Imperio Romano o el Renacimiento. Este hombre superior debía estar regido por una moral aristocrática, por la voluntad de poder, por el poder en sí mismo. Desafortunadamente, el "superhombre" del cual Nietzsche habla en su obra, así como sus ataques a la moral judía, le dio al nazismo una filosofía sobre la cual sustentar sus crímenes y persecuciones. De nada valió que entre los ataques del filósofo se ganaran su lugar los antisemitas y los alemanes. Tampoco que su amistad inicial con Wagner –ícono de la Alemania nazi– se rompiera tras corroborar el racismo del músico. El siglo XX desandaba sus primeros cuarenta años y Nietzsche llevaba el mismo tiempo sepultado en su Röcken natal. Repitiendo el mismo destino que le tocó en suerte a aquel Cristo que intentó salvar de las tergiversaciones de la Biblia, también a él se lo interpretó en el sentido indeseado. Y debió esperar que el tiempo lo rescatara de su desgracia.

Prólogo

Este libro es sólo para algunos; de hecho, probablemente no sea todavía para nadie.

Quienes comprendieron mi libro Así habló Zaratustra serán, como mucho, los únicos que podrán leerme. ¿Puedo permitirme1 ser confundido con quienes hoy en día son comprendidos? El pasado me pertenece mañana. Hay quienes nacen póstumos.

Las condiciones en las que es posible comprenderme, y cuando esto ocurre se lo hace por necesidad, las conozco con exactitud. En primer lugar, ser íntegro espiritualmente, íntegro hasta la dureza para ser capaz de soportar, nada más que soportar, mi seriedad y mi pasión. Es preciso estar acostumbrado a vivir en la cima de las montañas y a ver por debajo las mezquinas habladurías de la política y del egoísmo de los pueblos. Es preciso haberse vuelto indiferente; no preguntar en ninguna ocasión si la verdad resulta útil, si puede llegar a convertirse en destino de alguna persona. Se hace necesaria la predilección de los fuertes por las cuestiones que hasta el presente nadie tiene las agallas de dilucidar, el valor de buscar la fruta prohibida, la predestinación del laberinto. Es una experiencia de siete soledades. Nuevos oídos para escuchar una música nueva. Nuevos ojos para las cosas que emergen de las lejanías ocultas. Nueva conciencia para verdades hasta-

---

1 Todas las palabras en cursiva corresponden a subrayados realizados por el autor.

hoy silenciadas. Y la voluntad de la economía del gran estilo, es decir, concentrar su fuerza y su entusiasmo. Son necesarias también el respeto a sí mismo, el amor, la libertad más absoluta respecto de sí mismo…

Es para ellos para quienes escribí mi Anticristo. Ellos serán mis únicos y verdaderos lectores, los que están predestinados; ¿acaso importa el resto? Los demás no son otra cosa que humanidad. Y nosotros debemos ser superiores a la humanidad en espíritu y en energía, por medio del desprecio.

I

Estudiémonos con detalle. Somos hiperbóreos; vivimos separados eternamente, y tenemos conciencia de nuestra separación. Ya lo dijo Píndaro2 por nosotros: "¡Ni por mar ni por tierra encontrarás el camino que conduce al país de los hielos eternos!". Más allá del Norte, los hielos y la muerte, nuestra vida y nuestra felicidad. Hemos descubierto la dicha; conocemos el camino que nos conduce a ella; encontramos la salida a través de miles de años. ¿Quién la pudo haber hallado? ¿El hombre moderno, quizás? "No acierto a entrar ni a salir; soy lo que no sabe entrar ni salir", suspira el hombre moderno. Padecemos la enfermedad del modernismo de esa paz insana, de esa transacción cobarde, de toda

---

2 Poeta lírico griego nacido en Cinoscéfalos, en 518 a.C. y fallecido en 438 a.C.

esa porquería virtuosa del moderno sí y no. Esa tolerancia y esa amplitud que lo perdona todo, porque todo lo comprende, es para nosotros algo similar a esos vientos secos y cálidos del Sureste. Es mejor vivir entre los vivos, que entre las virtudes modernas y los demás vientos del Sur. Hemos sido lo bastante esforzados, no tuvimos en cuenta a los demás ni a nosotros mismos, pero durante mucho tiempo no supimos qué hacer con nuestra valentía. Nos volvíamos sombríos, y entonces nos llamaban fatalistas. Nuestra fatalidad era la plenitud, la tensión, la abundancia de fuerzas. Teníamos necesidad de relámpagos y de actos; permanecíamos muy lejos de la dicha de los débiles, muy lejos de la resignación. Nuestra atmósfera estaba cargada de tormentas; nuestra naturaleza se tornaba oscura, y la razón era que no teníamos un camino. La fórmula de nuestra felicidad es ésta: un sí, un no, una línea en sentido recto, una meta.

II

¿Qué es lo bueno? Todo lo que es capaz de incrementar en el hombre el sentimiento de la potencia, la voluntad de la potencia y la potencia en sí.

¿Qué es lo malo? Aquello cuyas raíces se aferran en la debilidad.

¿Qué es la dicha? La sensación que experimentamos cuando la potencia crece y nos damos cuenta de que hemos vencido una resistencia.

No se trata de contento, sino de potencia; no se trata de encontrar la paz a cualquier precio, sino la guerra; no hablamos de la virtud, sino del valor (virtud de acuerdo con el estilo del Renacimiento virtú[3], es decir, virtud desprovista de moralina).

¡Que sean los débiles y los fracasados quienes perezcan!, ese es el primer principio de nuestro amor a los hombres. Y que se los ayude a morir.

¿Hay algo que resulte más perjudicial que cualquier vicio? Sí; la compasión que experimenta el hombre de acción hacia los débiles y los idiotas: el cristianismo.

III

Es importante notar que no planteo el segundo problema: ¿qué es lo que debe ocupar el sitio de la humanidad en la escala de los seres? (el hombre, ¿es un fin?). Planteo, en cambio, otra cuestión: ¿qué tipo de hombre se debe crear y querer? ¿Qué tipo tendrá más valor y será más digno de vivir?

Este tipo de valor superior apareció ya en diversas ocasiones, pero como un azar, como una excepción; ha sido lo más temido, hasta nuestros días lo más temible por excelencia, y ese temor engendró el tipo contrario, rebuscado, educado y conseguido: la bestia doméstica, la bestia de rebaño, la bestia enferma, el hombre, el cristiano.

---

3   En italiano en el original

IV

Es equivocada la creencia de que la humanidad representa un desarrollo hacia lo mejor, hacia algo más fuerte y elevado. El "progreso" es una idea moderna, lo que significa que es una idea falsa. El europeo de hoy vale mucho menos que el europeo del Renacimiento. Desarrollarse no siempre significa elevarse, realzarse ni fortalecerse.

Sin embargo se observa el logro continuo de casos aislados en diferentes puntos de la Tierra, en medio de las más diversas civilizaciones. Estos casos permiten esperar la constitución de un tipo superior que constituya, en relación con la humanidad entera, una especie de hombres sobrehumanos. Esas casualidades del éxito fueron siempre posibles y es probable que lo sigan siendo. De hecho, hay razas enteras, tribus y pueblos que, en circunstancias especiales, pueden representar tal golpe de suerte.

V

El cristianismo no puede tener perdón. Resulta inútil que se pretenda darle un carácter poético. He hecho un combate a muerte a ese tipo de hombre superior, proscribiendo todos los instintos fundamentales de este tipo de hombres y destilado de ellos el mal y lo malo, el hombre fuerte ha sido siempre considerado como un tipo reprobable. El cristianismo se ha puesto del lado de todo lo débil, lo bajo y lo fracasado, formando un ideal opuesto a los instintos de conservación de la vida fuerte, y que ha echado a perder la razón incluso de las naturalezas más fuertes desde el punto de vista intelectual, enseñando que los valores superiores de la inteligencia no son más que pecados, extravíos y tentaciones. El ejemplo más lamentable de ello es Pascal, que creía en la perversión de su razón por efecto del pecado original, siendo que, en realidad, era el cristianismo lo que la había pervertido.

VI

Ante mis ojos se ha presentado un espectáculo tan espantoso como lleno de dolor: he levantado el telón de la corrupción de los hombres. En mis labios esa palabra está por lo menos a abrigo de una sospecha: la que comporta una acusación moral contra el hombre.

La considero –es preferible que vuelva a insistir– desprovista de moralina hasta el punto de que donde noto precisamente esa corrupción, es allí donde con mayor conciencia se aspiraba, hasta ahora, a encontrar la virtud y la naturaleza divina. Aclaro que yo interpreto esta corrupción en el sentido de la decadencia. Afirmo, así, que todos los valores que sirven actualmente a los hombres para resumir sus más elevados deseos, son valores de decadencia.

Lo que sostengo es que un animal, una especie o un individuo están corrompidos cuando eligen y prefieren lo que es desfavorable para ellos. Una historia de los sentimientos más elevados y de los ideales de la humanidad –es posible que tenga que escribirla– nos daría casi la explicación de por qué está tan corrompido el hombre. La vida es, para mí, el instinto de crecimiento y de duración, la acumulación de fuerzas, el instinto de dominación; donde falta la voluntad y el dominio, aparece la degeneración. Declaro que esa voluntad falta en todos los valores superiores de la humanidad; que bajo los nombres más sagrados reinan valores de degeneración que niegan todo principio religioso, político y social.

VII

Al cristianismo sus secuaces lo llaman "religión de misericordia". Pero la compasión está reñida con los afectos tónicos que elevan la energía del sentido vital. En realidad, influye de una manera deprimente. Cuando se compadece, se pierde fuerza. Al compadecer aumenta y se multiplica la pérdida de fuerza que de por sí tiene el dolor en la vida. La compasión vuelve al dolor contagioso y es capaz de provocar una pérdida total de vitalidad y energía, pérdida absurda si la comparamos con lo pequeño de la causa (la muerte de Cristo).

Además de este primer punto de vista, existe otro que es aún más importante. Suponiendo que se mida la misericordia por el valor de las reacciones que habitualmente provoca, aparecerá más claro su carácter de peligro vital. La misericordia dificulta el cumplimiento de una ley de la evolución, como es la de la selección. Protege aquello que está maduro para desaparecer, interviene al rescate de los desheredados y los sentenciados de la vida. Por el número y la variedad de las cosas fracasadas que la compasión retiene en la vida, da a la vida un aspecto oscuro y sospechoso. Aunque se ha tenido el valor de catalogarla entre las virtudes, la misericordia pasa por una debilidad en toda moral aristocrática. Incluso se ha ido más lejos y se ha hecho de ella la virtud por excelencia, el origen de todas las virtudes. Pero es necesario recordar que esta visión surgió desde un punto de vista de una filosofía nihilista, en cuyo discurso se asentaba la idea de la negación de la vida. Estaba en lo cierto Shopenhauer[4] cuando decía: "La vida es negada por la compasión; la compasión hace a la vida todavía más digna de lo que es de ser negada; la compasión es la práctica del nihilismo".

Lo vuelvo a repetir: ese instinto depresivo y contagioso se contrapone con aquellos otros instintos que conservan y aumentan el valor de la vida, y multiplica y conserva todas las miserias, punto de partida para la aparición de la decadencia. La compasión persuade de la nada. Jamás se habla de la nada, se pone en su lugar el más allá o Dios; o la verdadera vida; o bien el Paraíso, la salvación y la beatitud. Esta retórica ingenua, que se encuentra en la esfera del modo de ser y obrar religioso-moral, aparecerá menos inocente luego de descubrir cuál es su verdadero trasfondo: la enemistad de la vida. Shopenhauer era un enemigo de la vida; esa es la razón por la cual aseguraba que la compasión era una virtud.

Nadie desconoce que Aristóteles consideraba la piedad como un estado de morbosidad peligrosa, que era preferi-

---

4   Arthur Shopenhauer (1788–1860), filósofo alemán.

ble destruir periódicamente por medio de un purgante. Para Aristóteles, la tragedia era ese purgante. Con el fin de proteger el instinto de la vida, sería mejor buscar el medio de dar un golpe a una acumulación de piedad tan morbosa y expuesta como la que nos presenta Shopenhauer (y también, lamentablemente, el de toda nuestra decadencia literaria y artística de San Petesburgo a París, de Tolstoi a Wagner), para que explote. No existe nada tan insano en nuestro insano modernismo como la misericordia cristiana. En este caso, ser médicos, ser implacables en el uso del bisturí, forma parte de nosotros mismos. De esa manera amamos a los hombres; por eso los hiperbóreos somos filósofos…

VIII

Es preciso repetir una vez más que consideramos interiormente como nuestro contraste (los teólogos y todo lo que tiene sangre de teólogo en las venas) a toda filosofía contemporánea. Es necesario haber visto de cerca y haber vivido este destino, incluso haber estado a un paso de perecer por él, para comprender la burla que implica (el libre pensamiento de nuestros hombres de ciencia, de nuestros fisiólogos, es una broma; les falta pasión en estas cuestiones, les falta haber padecido por ellas). Esa intoxicación llega mucho más lejos de lo que se cree; he encontrado el instinto teológico del orgullo dondequiera que exista quien se siente idealista, allí donde, por virtud de un origen más elevado, hay quien se cree con derecho de mirar desde lo alto a la realidad, a la naturaleza, como si se tratara de algo extraño para nosotros. El idealista, al igual que el sacerdote, tiene en su mano todas las grandes ideas (y no sólo en la mano) y juega con ellas por una suerte de benévolo desdén hacia la razón, los sentidos, los honores, el bienestar y la ciencia. Considera a éstas como si se tratase de fuerzas perjudiciales y seductoras sobre las cuales habita el espíritu en un encierro, como si la humildad, la castidad, la pobreza o, resumiendo, la santidad, no hubieran hecho hasta el momento mucho más daño a la vida que las cosas más horribles que podamos ser capaces de imaginar, incluso si pensamos en cualquier vicio. El espíritu puro es mentira pura. Mientras el sacerdote, un negador y un calumniador que tiene por oficio envenenar la vida, sea considerado como un ser superior, no podremos encontrar la respuesta a la pregunta sobre qué es la verdad. Sucede que la verdad dejará de tener sentido mientras el representante de la negación y de la nada sea quien se apropie de su representación.

IX

A ese instinto teológico combato con todas mis energías. Ese es el instinto cuyas huellas he encontrado en todas partes. Quien por sus venas sienta correr sangre de teólogo se encuentra en una posición equivocada y poco franca acerca de todas las cosas. De esa circunstancia nace un sentimiento llamado "fe"; es preciso cerrar los ojos por siempre para no padecer con el espectáculo de una falsedad que no tiene cura. Desde esa óptica errónea crece una moral, una virtud y una santidad que relacionan la tranquilidad de la conciencia a una visión falsa. Lo que se exige es que ninguna otra manera de ver las cosas tenga valor tras haber hecho sacrosanta la propia bajo los conceptos de Dios, salvación, eternidad. Teniendo esta ocasión, demuestro la vergüenza del instinto teológico; es la forma realmente subterránea de la falsedad y la más extendida a lo largo del planeta. Aquello que es verdad para un teólogo, tiene que ser falso. Se trata de una verdad casi absoluta. El bajo instinto de autopreservación del teólogo le impide honrar la vida y darle el uso de la palabra sobre cualquier punto. No importa cuál sea el tema que trata la influencia teológica, las evaluaciones estarán trastornadas y los conceptos de lo verdadero y lo falso aparecerán invertidos. Lo verdadero será, en este caso, lo más dañino para la vida; mientras que aquello que eleva la vida, la realza, la afirma, la justifica y la hace triunfar, será considerado falso. Cuando sucede que los teólogos extienden las manos a través de la conciencia de los príncipes (o de sus pueblos) hacia el poder, es porque la voluntad nihilista del fin tiende a la dominación.

X

Es fácil para mí lograr que los alemanes me comprendan. Basta con decirles que su filosofía está corrompida por los teólogos. El párroco protestante es el abuelo de la filosofía alemana, mientras que el protestantismo es su peccatum originale. Una definición del protestantismo: el cristianismo paralítico de un lado y la razón igualmente paralítica. No hace falta más que pronunciar el nombre del Seminario de Tubinga5 para comprender lo que es la filosofía alemana: una filosofía del engaño. No hay mejores embaucadores en Alemania que los suevos, que mienten inocentemente. ¿Cuál fue la razón de la alegría que se extendió por el mundo de la ciencia alemana con la aparición de Kant6, en un país formado en sus tres cuartas partes por hijos de pastores y maestros de escuela? ¿En qué se basa la certeza de los alemanes de que con Kant comenzó un camino hacia algo mejor? El instinto teológico del sabio alemán entendió lo que podía volver a ser posible. Un camino hacia el ideal antiguo se había abierto. El concepto de "mundo verdadero" y el concepto de la moral como esencia del mundo (los errores más dañinos que han existido) volvían a ser, sino demostrables, imposibles de refutar gracias a este sutil pero astuto escepticismo. La razón y el derecho a ella no alcanzan tanta altura. Se hizo de la realidad una apariencia, un mundo falso en donde la esencia se tornó realidad. La victoria de Kant fue de los teólogos. Junto con Lutero y Leibniz, Kant no fue más que un freno para la integridad alemana, ya débil en sí misma.

---

5   El seminario de Tubinga (*Tübinger Stift*) es una sala de residencia y enseñanza de la Iglesia Protestante en Württemberg, Alemania.

6   Imanuel Kant (1724-1804), filósofo alemán.

XI

Hay algo más que quisiera decir sobre este Kant moralista. Cuando hablamos de virtud, estamos refiriéndonos a nuestra necesidad personal, nuestra defensa y necesidad personal; cualquier otro sentido no la vuelve más que un peligro. Todo aquello que no sea una condición vital es nocivo para la vida; una virtud que existe, como Kant pretendía, nada más que por efecto del sentimiento de respeto a la idea de la virtud, es peligrosa. El deber, el bien en sí, la virtud, el bien más allá de la persona y como regla general, son utopías que expresan la degeneración, la debilitación de la vida, las payasadas de Königsberg[7]. La conservación y el crecimiento requieren de todo lo contrario, necesitan que cada uno invente su virtud, su imperativo categórico. Si un pueblo confunde su deber con el concepto general de deber, entonces deja de existir. Las muestras del deber impersonal, como el sacrificio ante el dios Moloch[8] de la abstracción, son las que destruyen de manera más profunda y radical. Es por eso que me resulta sorprendente que todavía no se haya comprendido lo peligroso que es el imperativo categórico de Kant. Nada más que el instinto teológico podía tomarlo bajo su protección. Un acto provocado por el instinto de la vida

---

7   Alusión a Imannuel Kant, nacido en esa ciudad.

8   Moloch era el dios de los antiguos fenicios. Según este pueblo, el hombre era la encarnación de tal tragedia ontogénica y para redimirse de ese pecado era necesario ofrecer sacrificios a Moloch inmolando bebés, por ser considerados los más impregnados de materia.

demuestra el valor que posee gracias a la alegría que lo acompaña; y aquel nihilista de entrañas cristianas y dogmáticas consideraba la alegría como algo que debía ser objetado. ¿Existe algo más debilitador que trabajar, pensar y sentir sin una necesidad subjetiva, sin una elección personal, en un estado similar al de un autómata del deber? De alguna manera, esa es la receta para llegar a la decadencia y la imbecilidad. Kant se hizo imbécil, ¡y vivió al mismo tiempo que Goethe! Lo peor de todo es que esa araña fue y continúa siendo considerado como el filósofo alemán por excelencia. Ya diré lo que pienso sobre los alemanes. ¿No encontró Kant en la Revolución francesa el paso decisivo de la forma inorgánica del Estado a la forma orgánica? ¿No se preguntó si existía un acontecimiento inexplicable por otras razones que la de una aptitud moral de la humanidad, de manera que, mediante tal acontecimiento, quedaría demostrada de una vez para siempre "la tendencia de la humanidad hacia el bien"? Kant responde que ese acontecimiento es la Revolución. El instinto que se engaña en todas las cosas, el que va contra la Naturaleza, la decadencia alemana vestida con la pobre ropa de la filosofía: ¡eso es Kant!

XII

Dejo de lado a unos pocos escépticos, el tipo decente en la historia de la filosofía: pero la mayoría no conoce las primeras exigencias de la honradez intelectual. Actúan como las mujercitas: todos esos fanáticos y monstruos consideran a los "bellos sentimientos" como si fueran argumentos, hablan de los "corazones exaltados" como si se tratara de la divinidad; para ellos, el convencimiento como un criterio de verdad. Por último, la inocencia alemana de Kant intentó dar carácter científico a esa forma de corrupción y a esa falta de conciencia intelectual. Utilizando el concepto de "razón práctica" inventó una razón que permitiera saber en qué caso no hay que preocuparse de la razón; es decir, el momento en que la moral y la noble exigencia, "tu deber", se hace escuchar. Si se tiene en cuenta que en casi todos los pueblos el filósofo no es otro que la evolución del tipo sacerdotal, no asombrará ese legado del sacerdote: la estafa ante sí mismo.

Cuando uno tiene un sagrado deber, como lo es salvar y redimir a los hombres, cuando se lleva la divinidad en el corazón y se es instrumento de imperativos que provienen del más allá, esa misión coloca de hecho fuera de todas las valoraciones meramente intelectuales, ¡incluso santificado por una tarea semejante se es del tipo de una ordenación superior! ¿Qué puede importarle la ciencia al sacerdote? ¡Está demasiado elevado para eso! Extrañamente, el sacerdote ha dominado hasta ahora, ha determinado el concepto de "verdadero" y "no verdadero".

XIII

No subestimemos: nosotros mismos, espíritus libres, somos ya una "transformación de todos los valores", una declaración viva de guerra y de victoria a los antiguos conceptos de "verdadero" y "no verdadero". Los juicios más valiosos son los que más tiempo tardan en ser encontrados, pero son los métodos. Todos los métodos, todas las hipótesis de nuestro actual espíritu científico han tenido en su contra, durante milenios, el más profundo desprecio: a causa de ellos uno podía ser excluido del trato con los hombres "honrados" y podía ser considerado "enemigo de Dios", "blasfemo" o "endemoniado". Uno era considerado un chandala9 en cuanto al carácter científico. Hemos tenido en contra nuestra todo el pathos de la humanidad, su concepto de lo que debe ser verdad, de lo que debe ser el servicio de la verdad: cada "tú debes" ha estado hasta ahora dirigido contra nosotros. Nuestros objetos y prácticas, nuestra manera de ser silenciosa, cautelosa y desconfiada, todo esto le parecía indigno y despreciable. Por último, no sería inútil preguntarse con cierta razón si no ha sido, en realidad, una cuestión meramente estética la que ha mantenido a la humanidad esta prolongada oscuridad: exigía de la verdad un efecto pintoresco, le demandaba al discerniente que actuara enérgicamente sobre los sentidos. Nuestra modestia fue lo que durante más tiempo le resultó un disgusto. Oh, cómo lo adivinaron esos pavos de Dios.

XIV

Lo que hicimos nosotros fue cambiar de método. Nos hicimos más modestos en todos los aspectos: ya no deriva-

---

9 Chandala es una de las castas inferiores hindúes, parias que gozan de menores derechos dentro de la sociedad. El término es utilizado por Nietzsche a lo largo de todo el texto.

mos al hombre del "espíritu" ni de la "divinidad", lo hemos vuelto a colocar entre los animales. Para nosotros no es otro que el animal más fuerte, ya que es el más astuto. Y la espiritualidad es una consecuencia de su astucia. También nos defendemos contra una vanidad que quisiera hacerse oír aquí: que el hombre había sido el gran propósito oculto de la evolución animal. No es de ningún modo la cima de la creación: todo ser se encuentra, junto a él, en el mismo nivel de la perfección. Afirmando esto estamos diciendo aún demasiado: el hombre es también el más fracasado, enfermizo y desviado de sus instintos, si lo consideramos de manera relativa, en lo que concierne a los animales. ¡Con todo, es el más interesante!

Fue la osadía de Descartes10 la que le permitió aventurar la idea de entender el animal como machina: toda nuestra fisiología está al servicio de encontrar una prueba que confirme esa hipótesis.

Con nuestra lógica, nosotros no ponemos al hombre también aparte, como aún hizo Descartes. Lo que se conoce hoy del hombre llega hasta donde se lo conoce como máquina. Si antes se le concedía al hombre, como don de su orden superior, la "voluntad libre", hoy ya no le otorgamos esa voluntad, es decir, ya no le es permitido entenderla como una facultad. La palabra "voluntad" de antaño sirve nada más que como una manera de designar una resultante, algo así como una reacción individual que sigue por necesidad a una multitud de estímulos en parte contradictorios, en parte

10 René Descartes (1596–1650), filósofo francés.

concordantes, "la voluntad ya no actúa, ya no mueve". Antes se veía en la conciencia del hombre y en su "espíritu" la prueba de su origen superior; para alcanzar la perfección el hombre debía retraer en su interior sus sentidos, suprimir el trato con lo terrenal, despojarse de su envoltura mortal: es así como quedaría lo más valioso en él, su "espíritu puro". Sobre esto reflexionamos mejor: el llegar a tener conciencia, el "espíritu", vale para nosotros como síntoma de una relativa imperfección del organismo, como ensayos, yerros y tanteos, como un esfuerzo en el que se gasta de forma innecesaria un gran caudal de energía nerviosa; es falso que cualquier cosa pueda ser llevada a la perfección mientras sea hecha de modo consciente. El "espíritu puro" es un verdadero disparate: si descontamos el sistema nervioso y los sentidos, la "envoltura mortal", nos equivocamos en el cálculo y nada más.

XV

No hay puntos de contacto con la realidad en la moral ni en la religión dentro del cristianismo. Sólo aparecen causas imaginarias, como "Dios", "alma", "yo", "espíritu", "la voluntad libre", "la voluntad no libre"; efectos imaginarios, como "pecado", "salvación", "gracia", "castigo", "redención"; relaciones entre seres imaginarios, como "Dios", "espíritus", "almas"; una ciencia natural imaginaria, antropocéntrica, carente de cualquier concepto de las causas naturales; una psicología imaginaria, compuesta por malentendidos acerca de uno mismo, interpretaciones de sentimientos generales agradables o desagradables (por ejemplo, de los estados del nervus sympathicus con ayuda del lenguaje mímico de la idiosincrasia religioso-moral, como "arrepentimiento", "remordimiento de conciencia", "tentación del demonio" o "proximidad de Dios"); una teología imaginaria acerca del "reino de Dios", "el juicio final" y la "vida eterna"...

Este mundo de ficción tiene· una gran desventaja con respecto a otro de similares características, el mundo de los sueños; y es que este último refleja la realidad, mientras que aquél la falsea, desvalorizándola y negándola. Tras la invención del concepto de "naturaleza" como la antítesis de "Dios"; debió entenderse como "natural" la palabra "reprobable"; ese mundo de la ficción surge como un odio hacia lo natural (la realidad), expresa un rechazo profundo a lo real.

Pero hay algo que lo explica todo: ¿quién es el único que tiene motivos para escapar por la mentira de la realidad? Quien la padece. Pero padecer de la realidad significa ser una realidad malograda... La abundancia de sentimientos del no placer por encima del placer, es la causa de una moral y de una religión por completo ficticias: es esa abundancia la que nos enseña de qué trata la decadencia.

XVI

Si nos detenemos a estudiar el concepto cristiano de Dios llegaremos a una misma conclusión. Un pueblo que conserva la fe en sí mismo, tiene también un Dios propio que le pertenece. En su Dios es capaz de admirar, adorar, venerar y reconocer sus virtudes frente a las circunstancias que lo llevaron a la victoria; en ese Dios proyecta la sensación del placer por sí mismo y su sentimiento de poder en un ser al que puede agradecer por ello. Una persona rica siente la necesidad de dar; un pueblo altivo ofrece a Dios sus sacrificios. La religión aparece como una forma de agradecimiento: el hombre se siente agradecido y necesita de un Dios a quien admirar en lo bueno como en lo malo, dañar y ayudar, un Dios tan amigo como enemigo. Por eso el Dios del bien es una castración antinatural de un Dios, porque es necesario el Dios malo que lo complemente. El hombre no debe su existencia a la tolerancia y a la filantropía. ¿De qué sirve un Dios que no conoce la cólera, la venganza, la envidia, el desprecio, la astucia, la violencia; incapaz de experimentar los ardores de la victoria y del aniquilamiento? Es incomprensible un Dios así, resulta sin sentido. Sucede que cuando un pueblo sucumbe y siente que ya no tiene esperanzas de cara al futuro, cuando la sumisión le parece una necesidad para lograr la conservación, entonces debe hacer que su Dios se transforme. Se convierte en tímido, hipócrita, miedoso y humilde; aconseja la "paz del alma", el amor al prójimo y la compasión. Su función es la de moralizar constantemente, arrastrarse hasta las profundidades de la moral privada y volverse un Dios para todos, cosmopolita. Si en la antigüedad era el Dios que representaba la fuerza de un pueblo y su sed de poder, ahora no es más que un Dios bueno. La alternativa alcanza a todos los dioses: o representan la voluntad de dominio, lo que los convierte en dioses de un pueblo, o su impotencia de poder los hace buenos a la fuerza.

XVII

Cada vez que la voluntad de poder disminuye, se produce un retroceso fisiológico que entendemos como una decadencia. La divinidad de la decadencia se convierte en el Dios de los que se hallan en un estado de regresión fisiológica, un Dios para los débiles. Pero ellos no se reconocen como débiles, sino como "buenos". Fácilmente puede entenderse en qué momentos de la historia es posible que aparezca la construcción dualista de un Dios bueno y otro malo. Con idéntico instinto con que degradan a su Dios hasta el "bien en sí", despojan del Dios de sus vencedores las buenas cualidades y toman venganza de ellos transformando en diablo a su Dios. El Dios bueno y el diablo son ambos engendros de la decadencia. ¿Cómo es posible ceder ante la simpleza de los teólogos para sostener con ellos que la evolución del concepto de Dios desde el "Dios de Israel", el Dios de un pueblo, hasta el Dios cristiano, la síntesis de todo bien, es un progreso? Hasta Renan[11] lo hace. ¡Como si Renan tuviese derecho a la ingenuidad! Es evidente todo lo contrario. Cuando los presupuestos de la vida ascendente, es decir, cuando todo lo fuerte, valiente, orgulloso, altivo y soberbio es eliminado del concepto de Dios, cuando lentamente se convierte en el símbolo de un bastón para cansados, de un salvavidas para los náufragos, cuando se convierte en el Dios–de–las–pobres–per-

---

11 Joseph Ernest Renan (1823-1892). Escritor francés autor de La vie de Jesus, donde aborda la vida del Jesús histórico.

sonas, Dios–de–los–pecadores, Dios–de–los–enfermos por excelencia, y los atributos "salvador" y "redentor" prevalecen como atributos de la divinidad, ¿qué indica esa transformación, esa reducción de lo divino? El "reino de Dios" se hace más grande de este modo. Antes Dios no tenía más que a su pueblo, su pueblo "elegido". Luego, de igual modo que su pueblo, comenzó un largo peregrinar que le impidió asentarse en algún lado, hasta que tuvo su casa en todas partes y fue el gran cosmopolita que tenía de su parte el "gran número" y la mitad de la tierra.

Pero el Dios del "gran número", el demócrata entre los dioses, no se convirtió en un orgulloso Dios de los paganos: ¡siguió siendo judío, siguió siendo el Dios de los rincones, de las esquinas y los lugares oscuros, el Dios de todos los barrios malsanos del mundo. Su reino universal es ahora, como antes, un reino subterráneo, un hospital, un reino de judería. Y él mismo es pálido, débil y decadente. Tanto que incluso los más lívidos de los seres pálidos, los señores metafísicos, esos albinos de las ideas, tejieron a su alrededor una telaraña hasta que él, hipnotizado por sus movimientos, se convirtió también en araña, en un metafísico. Desde entonces ha tejido la telaraña del mundo desde sí mismo, la subespecie Spinozae12. Desde entonces se ha transfigurado en algo con cada vez más pálido y anémico, se ha convertido en un "ideal", un "espíritu puro", un "absolutum", una "cosa en sí". La ruina de Dios: Dios se convirtió en la "cosa en sí".

12 Alusión irónica al filósofo holandés Baruch Spinoza (1632-1677) al hacer un juego de palabras con el vocablo "Spinne" (araña).

XVIII

La concepción que tienen los cristianos de Dios (Dios como dios de los enfermos, Dios como araña, Dios como espíritu) es uno de los conceptos de Dios más corruptos que existen sobre la tierra, probablemente hasta indique el punto más bajo en la curva descendente del tipo de divinidad. ¡Dios degenerado hasta ser la contradicción de la vida, en lugar de ser su glorificación y su afirmación eterna. ¡Declarar la guerra, en nombre de Dios, a la vida, a la naturaleza y a la voluntad de vivir! ¡Dios, la fórmula de todas las calumnias del "más acá"; de toda mentira sobre el "más allá". ¡En Dios se diviniza el no ser; se canoniza la voluntad de la nada!

XIX

El hecho de que las fuertes razas del Norte de Europa no hayan rechazado al Dios cristiano no habla muy bien de su don religioso, para no decir nada de su gusto. Debieron haber notado que se trataba de tan morboso y decrépito engendro de la decadencia. Por no haberlo hecho, pesa sobre ellas una maldición: absorbieron la enfermedad, la vejez y la contradicción; desde entonces, no han vuelto a crear dioses. ¡En casi dos milenios ni un solo nuevo Dios! Para su desgracia, subsiste todavía como ultimum y maximum del poder creador de dioses, del creator spiritus en el hombre, este lamentable Dios del monotonoteísmo cristiano, una abstracción construida con escombros, hecha de cero, de un concepto y una contradicción, en el que encuentran su sanción todos los instintos de decadencia, todas las cobardías y cansancios del espíritu.

XX

No quiero que mi condena al cristianismo sea injusta para con una religión afín, que tiene mayor número de fieles: el budismo. Ambas están emparentadas en su carácter de religiones nihilistas, de la decadencia. Pero se diferencian entre sí de un modo notable. El hecho de que podamos compararlos es algo que el crítico del cristianismo debe agradecer a los eruditos de la India. El budismo es cien veces más realista que el cristianismo, posee la herencia de un planteo objetivo y frío de los problemas, aparece con posterioridad a un movimiento filosófico que había durado cientos de años; ya se había eliminado el concepto de "Dios" cuando apareció.

El budismo es la única religión verdaderamente positiva de la Historia, incluso en su teoría del conocimiento, un estricto fenomenalismo. No habla de una "lucha contra el pecado"; sino que reconoce la realidad y nos habla de la "lucha contra el sufrimiento". Lo diferencia profundamente del cristianismo el engaño a sí mismo, hallándose –utilizando mi lenguaje– más allá del bien y del mal.

Los dos hechos fisiológicos en los cuales se asienta y que no deja de tener presentes son: primero, una excitabilidad profunda de la sensibilidad, que se expresa en cuanto a la manera de experimentar el dolor; segundo, una exacerbación del espíritu, un desarrollo prolongado entre conceptos y procedimientos lógicos, entre los cuales el instinto de la persona se encuentra en desventaja con respecto de lo "impersonal" (ambos, estados que algunos de mis lectores conocerán, como yo, por experiencia). Estas condiciones fisiológicas han dado origen a una depresión contra la cual combate Buda por medio de una higiene.

Utiliza la vida en libertad, la existencia trashumante; la moderación al comer y elegir los alimentos; la moderación en el uso de bebidas alcohólicas; la precaución ante los afectos que producen bilis, es decir, que calientan la sangre; la necesidad de desterrar las preocupaciones, tanto por uno mismo como por los demás. Exige imaginaciones que sosieguen o alegren, inventa y crea medios para ahuyentar las demás. Entiende la bondad, el ser bueno, como una vía para alcanzar la salud. La oración no existe, como tampoco existe el ascetismo: no hay imperativos categóricos, ninguna obligación, ni aun dentro de la comunidad monástica (se puede salir de ella). Todas esto serían maneras de aumentar esa sensibilidad extraordinaria. Por esa razón Buda no habla de la lucha contra quienes piensan distinto. Su doctrina sólo combate la venganza, el ressentiment13 y la negación ("no es por la enemistad como se pone fin a la enemistad", tal es el conmovedor estribillo del budismo). Y con razón, pues esos sentimientos serían completamente insanos frente al propósito dietético primordial. La lasitud espiritual que encuentra y que le da forma a su

---

13 Resentimiento. En francés en el original.

"objetividad" excesiva (entendida como un debilitamiento del interés individual, la pérdida de gravedad y de "egoísmo") la combate refiriendo a la persona aun los intereses espirituales. En la doctrina de Buda el egoísmo es deber: el "una sola cosa es necesaria", el "cómo te liberas del sufrimiento" regula y limita toda la dieta espiritual (es permitido ensayar un paralelo con aquel ateniense que combatió también al puro "cientificismo"; Sócrates, que en el plano de los problemas elevó el egoísmo personal al rango de una virtud).

XXI

Los requisitos indispensables del budismo son un clima muy suave, una gran dulzura mansedumbre y liberalidad de las costumbres, una total ausencia de militarismo; y que el movimiento encuentre su hogar en las clases más elevadas y aun eruditas. La serenidad, la calma, la extinción del deseo, son metas supremas que logran alcanzarse.

El budismo no es una religión que lleve al hombre a aspirar solamente a la perfección, sino que la perfección es el caso normal. En el cristianismo, los instintos de sometidos y oprimidos pasan al primer plano; en él buscan salvación las clases sociales más bajas. La casuística del pecado, la autocrítica y la inquisición se practican como ocupación y remedio contra el aburrimiento; aquí se mantienen en pie (mediante la oración) el afecto constante a un ser poderoso denominado "Dios"; aquí lo más alto es percibido como inalcanzable, como regalo o "gracia". Aquí también hay una ausencia del carácter público: el escondite, el rincón oscuro, son propios del cristianismo. Aquí se desprecia el cuerpo y se rechaza la higiene por pecaminosa; la Iglesia llega a oponerse a ella (la primera medida tomada por los cristianos luego de la expulsión de los árabes fue clausurar los baños públicos, de los cuales solamente en Córdoba14 había 270). Ser cristiano supone ostentar un cierto sentido de la crueldad contra uno mismo y contra los demás, el odio contra quienes piensan diferente, la persecución. Las representaciones sombrías y excitantes son las que aparecen en primer plano; los estados más codiciados, designados con los nombres supremos, son los epilepsoides; la dieta está conformada de tal manera que favorece los fenómenos mórbidos y sobreexcita los nervios. Cristiano es la enemistad contra los dueños de la tierra, contra los "nobles", al mismo tiempo que una competencia oculta (a ellos se les deja el "cuerpo", se requiere solamente el "alma"). Cristiano es el odio contra el espíritu, el orgullo, la valentía, la libertad y el libertinaje del espíritu; cristiano es la odio contra los sentidos, contra la alegría de los sentidos, contra la alegría en general.

XXII

Cuando el cristianismo dejó su primer hogar, las clases inferiores y el subterráneo del mundo antiguo donde estuvo encerrado durante tantos años, y se lanzó a la conquista de

---

14 Ciudad española, capital de la actual provincia de Andalucía.

los pueblos bárbaros, no tenía frente a sí a hombres fatigados, sino a hombres embrutecidos que se destrozaban unos con otros, hombres fuers pero fracasados. El descontento consigo mismo, el sufrimiento de sí propio, no son aquí, como en el budista, una irritabilidad excesiva y una sensibilidad desmedida al dolor; en cambio, una necesidad desmesurada de hacer sufrir, de descargar la tensión interior en actos e ideas hostiles. El cristianismo necesitaba conceptos y valores bárbaros para adueñarse de los bárbaros; tales son: el sacrificio del primogénito, beber sangre en la comunión, el desprecio hacia el espíritu y la cultura; el tormento físico y mental; la opulencia del culto. El budismo es una religión para hombres tardíos, para razas que se han transformado en buenas, dulces, espirituales y son sensibles al dolor (Europa no está todavía preparada para él); es un retorno a la paz y a la alegría, a la dieta en lo espiritual, a un cierto endurecimiento corporal. El cristianismo pretende ejercer su dominio sobre bestias feroces; su manera de hacerlo es hacerlas enfermar —el debilitamiento es la receta de los cristianos para la domesticación, para la "civilización"—. El budismo es una religión para el final y el agotamiento de la civilización; el cristianismo ni siquiera se encuentra con una civilización; si es necesaria, la crea.

XXIII

El budismo, hay que repetirlo, es cien veces más frío, verdadero y objetivo. No le hace falta hacer decoroso su sufrimiento, su sensibilidad al dolor, por la interpretación del pecado; sólo dice lo que piensa: "yo sufro". En cambio, para el bárbaro el sufrimiento no es conveniente: necesita, en primer lugar, una explicación para confesar que padece (su instinto lo lleva más bien a negar el sufrimiento, a sufrir con resignación). Así es que la palabra "diablo" fue para él un alivio. Teniendo un enemigo tan poderoso y temible, no era una vergüenza sufrir por un enemigo así.

El cristianismo contiene ciertas sutilezas propias de las religiones de Oriente. Antes que nada conoce que es indiferente que una cosa sea verdadera en sí, pero que es de la mayor importancia que sea creída como verdadera. La verdad y la creencia en la verdad de tal cosa son dos mundos de intereses diferentes, poco menos que dos mundos antagónicos; se llega a ellos por caminos opuestos. El hecho de estar iniciado en este punto era lo que distinguía al sabio en Oriente. Así lo entienden los brahamanes y lo entiende Platón15, al igual que todo estudioso de la sabiduría esotérica. Si se da el caso que hay una felicidad en creerse redimido del pecado, no es condición imprescindible que el hombre sea pecador, sino que se juzgue pecador. Si lo que se necesita es fe, será necesario despreciar la razón, el conocimiento, la investigación científica. La senda que conduce a la verdad, es convertida en el camino prohibido.

La firme esperanza es un estimulante mucho más poderoso de la vida que cualquier dicha particular que se alcance. A quienes sufren se los debe sostener mediante una esperanza que ninguna realidad pueda contradecir, que jamás pueda verse traducida en hechos: una esperanza en el más allá.

---

15 Platón (427 adC– 347 adC) Filósofo griego.

Precisamente por causa de esta capacidad de hacer penar al desgraciado, la esperanza era para los griegos el peor de los males, el mal pérfido, que permanecía en el fondo de la caja de los males, la caja de Pandora.

Para que el amor sea posible, Dios tiene que ser una persona; para que los instintos más bajos puedan resultar amenazadores, Dios debe ser joven. Para el ardor de las mujeres se coloca en primer plano a ese santo hermoso; para los hombres, una virgen. Esto en el supuesto de que el cristianismo quiere dominar en un terreno en el que los cultos de Afrodita o Adonis determinaron ya el concepto de culto. La imposición de la castidad acentúa la vehemencia y la intimidad del instinto religioso, lo vuelve más cálido, exaltado y efusivo.

El amor es el estado en que el hombre ve las cosas con mayor frecuencia como en realidad no son. La fuerza de la ilusión manifiesta aquí su grado superior, al igual que la transfiguración. En el amor se soporta más que en otra situación, todo es tolerado. Había que inventar una religión en la que se pudiera amar; de manera que se estaría más allá de lo peor en la vida, sin siquiera verlo. Esto respecta a las tres virtudes cristianas: fe, amor y esperanza; los tres valores cristianos. El budismo es demasiado tardío y positivista como para asentarse sobre estos valores.

XXIV

Voy a limitarme aquí a esbozar apenas el problema de la génesis del cristianismo. La primera tesis para la solución de este problema puede expresarse así: el cristianismo puede ser comprendido únicamente como resultado del suelo en que ha nacido; no es una reacción contra el instinto judío, es más bien la consecuencia de su lógica aterradora. Dicho en la fórmula del Redentor: "la salvación proviene de los judíos". La segunda tesis dice: es fácil encontrar el tipo psicológico de Galileo, pero sólo en su degeneración total (que es al mismo tiempo mutilación y sobrecarga de rasgos extraños) ha podido servir para el uso que se ha hecho de él, para tipo de Salvador de la humanidad.

Los judíos son el pueblo más notable de la Historia mundial; enfrentados a la cuestión de ser o no ser, prefirieron, con una conciencia alarmante, ser a cualquier precio: este precio exigía la falsificación de toda naturaleza, tanto del mundo interior como del mundo exterior. Repudiaron todas las condiciones bajo las cuales habían podido vivir y crearon una idea contraria a las condiciones naturales; subvirtieron la religión, el culto, la moral, la historia y la psicología, hasta convertirlos en lo contrario de sus valores naturales. El mismo fenómeno lo podemos encontrar en el cristianismo, aunque en escala mayor y sin dejar de ser más que una copia, pues la Iglesia cristiana, en comparación con el "pueblo elegido", carece de cualquier pretensión de originalidad. Los judíos son, por esa razón, el pueblo más funesto de la Historia: como resultado de su influencia, la humanidad se ha vuelto tan falsa que todavía hoy el cristiano es capaz de experimentar sentimientos anti judíos, sin tener conciencia de que él mismo es la consecuencia última del judaísmo.

En mi Genealogía de la moral he presentado psicológicamente por primera vez el concepto antitético de una moral aristocrática y una moral vengativa, esta última nacida del no pronunciado contra la primera; así es la moral judeocristiana. Para poder decir que no a todo lo que representa el sentido ascendente de la vida, la buena educación, la belleza, la afirmación de sí mismo; el instinto debió forjar, una vez transformado en genio y a partir del ressentiment, otro mundo en que esa afirmación de la vida se presentara como lo malo, lo reprobable en sí mismo. Desde una perspectiva psicológica, el pueblo judío es un pueblo dotado de una fuerte vitalidad, y que confrontado con condiciones imposibles de existencia y guiado por su espíritu de conservación, toma partido por los instintos de la decadencia voluntariamente; no como dominado por ellos, sino porque adivinó que con ellos es posible abrirse camino en el mundo.

Los judíos son todo lo contrario a los decadentes; representaron ese papel hasta lograr producir esa ilusión, supieron colocarse, con un non plus ultra del genio histriónico, al frente de todos los movimientos de la decadencia (como lo hizo el cristianismo de Pablo), para hacer algo que fuera más fuerte que cualquiera de las escuelas que existen para afirmar la vida. La decadencia no es más que un medio para ese tipo de hombres que en el judaísmo y en el cristianismo aspiran al poder, para la categoría sacerdotal; este tipo humano está vitalmente interesado en enfermar a la humanidad, en invertir peligrosamente y con calumnias los conceptos "bueno" y "malo", "verdadero" y "falso".

XXV

La historia de Israel no tiene precio como típica historia acerca de la desnaturalización de los valores naturales. Voy a explicar cinco hechos sobre ella.

En un principio, más aún en los tiempos de los reyes judíos, también Israel se encontraba en la proporción justa, es decir, en la relación natural respecto de las cosas. Su Yaveh era la expresión de la conciencia de poder, de la propia alegría, de la esperanza en sí mismo; de él esperaban con confianza que la Naturaleza otorgase lo que el pueblo necesitaba, principalmente la lluvia. Yaveh es el Dios de Israel; por lo tanto, es el Dios de la justicia. Es la lógica de todo pueblo que tiene poder y goza de él con la conciencia tranquila. En el culto de las fiestas se expresan estos dos aspectos de la autoafirmación de todo pueblo: agradecer por los grandes destinos que lo elevaron a la más alta cumbre del poder; y agradecer por la regularidad en la sucesión de las estaciones y por la buena suerte en la ganadería y la agricultura.

Este estado de situación continuó siendo el ideal durante un largo tiempo, aun cuando hacía mucho que había finalizado de manera lamentable por causa de la anarquía interior y la intervención de los asirios desde el exterior. Pero el pueblo perseveró en alimentar como aspiración máxima esa imagen de un rey que era tanto buen soldado como juez severo: principalmente Isaías, un profeta típico (es decir, crítico y satírico de su tiempo). Aun así, todas las esperanzas se desvanecieron. El antiguo Dios ya no estaba en condiciones de hacer nada de lo que en un tiempo había sido capaz de hacer, de manera que era necesario abandonarlo. ¿Qué sucedió? Se modificó su concepto, se desnaturalizó su concepto: de ese modo fue posible conservarlo. Yavéh, el Dios de la "justicia", ya no se consideraba una unidad con Israel, la expresión del orgullo de su pueblo; era, ahora, un Dios sujeto a condiciones. Su concepto pasa a ser un instrumento en manos de agitadores sacerdotales, que en adelante interpretan toda felicidad como premio y toda desgracia como castigo por la desobediencia a Dios, por el "pecado": esa interpretación más falaz en base a un presunto "orden moral" trastornando de una vez para siempre los conceptos naturales de "causa" y "efecto". Cuando se elimina del mundo, mediante premios y castigos, la causalidad natural, comienza a volverse imprescindible una causalidad contranatural, de la que deriva entonces el resto de la anti-naturalidad. Un Dios que exige, en vez de un Dios que ayuda y aconseja, que brinda la palabra para toda inspiración feliz de la valentía y de la confianza en uno mismo. La moral ya no es la expresión de las condiciones de existencia y crecimiento de un pueblo, su más hondo instinto vital, sino que se transforma en algo abstracto y contrario a la vida, la moral como perversión sistemática de la imaginación, como "mal de ojo" para todas las cosas. ¿Qué es la moral judía? ¿Qué es la moral cristiana? El azar despojado de su inocencia; la desgracia manchada por el concepto de "pecado"; el malestar fisiológico envenenado por el gusano roe la conciencia.

XXVI

La clase sacerdotal judía no se contentó con falsear la concepción de Dios y la moral. No era posible utilizar toda la historia de Israel, de manera que fue necesario abolirla. Los sacerdotes fueron los encargados de llevar a cabo esa falsificación, da la cual nos queda la Biblia como testimonio; con un desprecio inaudito hacia toda tradición y toda realidad histórica, traspasaron el pasado de su propio pueblo a un plano religioso; hicieron de él un mecanismo de salvación basado en el castigo, la devoción y el premio respecto a Yavéh. Nos causaría mayor impresión tal falseamiento de la verdad histórica si milenios de interpretación eclesiástica de la historia no nos hubieran vuelto casi indiferentes a las exigencias de la honradez en las cosas históricas. Los filósofos acompañaron en esto a la Iglesia: la mentira del "orden moral del mundo" creció junto con la filosofía hasta llegar a la evolución de la nueva filosofía. ¿Qué significa el "orden moral del mundo"? Que existe, de una vez por todas, una voluntad de Dios respecto a lo que el hombre debe hacer y debe no hacer; que el valor de un pueblo, de un individuo, se mide de acuerdo a la obediencia a la voluntad de Dios; que en los destinos de éstos es dominante la voluntad de Dios, como proveedora de premios y castigos según el grado de obediencia.

Frente a esta mentira, la realidad dice: unos sujetos parasitarios que sólo prosperan a costa de todas las formas saludables de vida, los sacerdotes, se hacen dueños y abusan del nombre de Dios; a un estado de cosas donde ellos fijan el valor de las cosas, lo llaman "el reino de Dios"; a los medios por los cuales se alcanza y persiste tal estado de cosas, "la voluntad de Dios"; con un frío cinismo juzgan a los pueblos, las épocas y las personas de acuerdo a qué tanto obedecieron ante la voluntad sacerdotal. Basta con verlos actuar: bajo el mando de los sacerdotes judíos, la gran época de la historia de Israel se volvió una época de decadencia; el exilio, una larga desdicha, se transformó en un castigo eterno de la época grande, aquella en la que los sacerdotes aún no tuvieron influencia alguna.

Los sacerdotes convirtieron a los personajes poderosos e independientes al extremo de la historia de Israel en miserables hipócritas, santurrones o impíos, simplificaron todo acontecimiento grande a la fórmula estúpida: "obediencia o desobediencia a Dios". Luego dieron un paso más: la "voluntad de Dios", es decir, la condicione de conservación del poder sacerdotal, debe ser conocida; para tal fin se requiere de una "revelación". De manera que se requiere una gran falsificación literaria; se descubre una "sagrada escritura", se hace pública con toda la pompa hierática, son necesarios días de ayuno y penitencia por el largo "pecado". Se pretendía que la "voluntad de Dios" estaba fijada desde mucho tiempo antes: toda calamidad había tenido su origen en el distanciamiento de esa "sagrada escritura". Ya a Moisés se le había revelado la "voluntad de Dios". ¿Qué había pasado? El sacerdote había formulado, con rigor y con pedantería, los grandes y pequeños tributos que había que pagarle (sin olvidar, por supuesto, los trozos de carne más sabrosos, porque el sacerdote es carnívoro); había formulado de una vez por todas lo que a él complacía, lo que es "la voluntad de Dios".

A partir de entonces, todas las cosas están ordenadas de forma tal que el sacerdote se vuelve una presencia imprescindible en todas partes; en todos los acontecimientos naturales de la vida, nacimiento, casamiento, enfermedad y muerte, para no hablar del "sacrificio" (la comunión) aparece el parásito sagrado para desnaturalizarlos, en su lenguaje, "santificarlos".

Es preciso comprender que toda costumbre natural, toda institución natural (estado, administración de justicia, matrimonio, asistencia a los enfermos y pobres), todo imperativo dictado por el instinto de la vida, en una palabra, todo cuanto tiene valor en sí, es convertido en virtud del parasitismo del sacerdote (o del "orden moral del mundo"), en algo carente de valor por principio, contrario al valor: requiere una sanción adicional, un poder otorgador de valor que niegue en ello la naturaleza, que cree en ello precisamente un valor.

El sacerdote desvaloriza, des–santifica la Naturaleza: él subsiste a este precio. La desobediencia a Dios, vale decir, a los sacerdotes, para con la Ley, se nombra entonces como "pecado"; los medios para volver a "congraciarse con Dios" son aquellos que aseguran una sumisión más completa al sacerdote: sólo el sacerdote "redime". En términos psicológicos, los "pecados" son necesarios en cualquier sociedad con una organización sacerdotal: son la auténtica manipulación del poder; el sacerdote "vive" de los pecados, necesita que se "peque". Tesis suprema: "Dios perdona a quien hace penitencia", es decir, a quien se somete al sacerdote.

XXVII

El cristianismo creció en un terreno tan falso donde toda naturalidad, donde todo valor natural y toda naturaleza, toda realidad, debía enfrentarse a los más hondos instintos de la clase dominante; y creció como una forma de la enemistad mortal hacia la realidad que hasta hoy no ha sido superada. El "pueblo santo" que para todas las cosas se había adueñado de los valores y las palabras sacerdotales, y que, con lógica y atemorizadora coherencia, había alejado de sí mismo cualquier otro poder establecido como "sacrílego", "mundo" y "pecado", todo lo que quedaba de poder en la tierra; este pueblo produjo, guiado por su instinto, una fórmula última, lógica hasta alcanzar la autonegación: negaba, como cristianismo, incluso la última forma de la realidad, el "pueblo santo", el "pueblo de los elegidos", la propia realidad judía. Lo que se desprende de este suceso no tiene desperdicio: aquel reducido movimiento insurgente, bautizado con el nombre de Jesús de Nazareth, no es otra cosa que la repetición del instinto judío, es decir, del instinto sacerdotal. Es el instinto del sacerdote que no soporta ya ni siquiera la realidad del sacerdote; es la invención de una forma de existencia aún más irreal, de una visión del mundo más abstracta que la establecida por la organización de la Iglesia. El cristianismo niega a la Iglesia.

Me resulta imposible comprender contra quién estaba dirigida la insurrección, de la cual Jesús fue tomado como el promotor, quizás injustamente, si no fue una rebelión contra la iglesia judía, utilizando "Iglesia" en el mismo sentido de hoy. Fue una rebelión contra "los buenos y justos", contra "los santos de Israel", contra la jerarquía de la sociedad; no contra su corrupción, sino contra la casta, el privilegio, el orden, la fórmula; fue descreer de los "hombres superiores", un no a todos los sacerdotes y teólogos. Pero la jerarquía, que con esto quedaba puesta en tela de juicio, aunque no fuera por más que un momento, era el palafito sobre el cual el pueblo judío, en medio del "agua", subsistía la posibilidad última y conquistada arduamente de sobrevivir, el residuo de su existencia política particular: un ataque a ella era un ataque al más hondo instinto de un pueblo, al deseo de vivir del pueblo más tenaz que jamás haya existido.

Este santo anarquista que incitó al pueblo bajo, a los excluidos y los "pecadores", a los chandala existentes en el seno del judaísmo, a rebelarse contra el orden dominante con un lenguaje que, si hubiera que fiarse de los evangelios, en nuestros tiempos conduciría a Liberia, era un criminal político en la medida en que era posible que existieran delincuentes políticos en una comunidad absurdamente apolítica. Esto lo llevó a la cruz: la prueba de ello es la inscripción colocada sobre su cabeza. Murió por su culpa, no hay razón para afirmar, como se ha hecho con tanta frecuencia, que murió por culpa de otros.

XXVIII

Una cuestión por completo diferente es si él realmente fue consciente de tal oposición, o si se limitó a sentirla como oposición. En este punto me refiero por primera vez al problema de la psicología del redentor. Reconozco que he leído pocos libros con tantas dificultades como los Evangelios. Estas dificultades son de distintas características que aquellas en las que la curiosidad erudita del espíritu alemán celebró uno de sus máximos triunfos. Ha pasado tiempo desde que yo, como cualquier joven intelectual, saboreé con la lentitud de un refinado filólogo la obra del incomparable Strauss16. En ese entonces yo tenía veinte años; ahora soy demasiado serio para eso. ¿Qué pueden importarme las contradicciones de la "tradición"? ¡Como para denominar "tradición" a las leyendas de los santos! Lo que conocemos como "historias de santos" son, en realidad, la literatura más equívoca que existe: aplicarles un método científico, en ausencia de cualquier otro testimonio, es condenable desde el inicio, apenas una ociosidad de erudito.

XXIX

Lo que a mí me interesa es el tipo psicológico del redentor. Este tipo podría aparecer en los Evangelios, a pesar de ellos, aunque siempre mutilado y cargado por rasgos ajenos, tal cual San Francisco de Asís aparece en sus leyendas, pese a sus leyendas. No me interesa la verdad de lo que hizo, lo que dijo, cómo fue que murió en realidad, sino saber si su tipo es todavía reconocible, si fue "transmitido". Las tentativas que conozco de interpretar los evangelios incluso como la historia de un alma tienen las características de pruebas de una abominable frivolidad psicológica. El señor Renan17,

---

16 Alusión a *Das Leben Jesu, kritisch bearbeitet* (La vida de Jesús, estudiada críticamente), obra de David Friedrich Strauss, publicada en 1835.

17 Alusión a *Vie de Jésus* (Vida de Jesús), obra del francés Ernest Renan publicada en 1883.

ese payaso en las cuestiones psicológicas, ha contribuido con su explicación del tipo de Jesús los dos conceptos más inadecuados que pueden existir: el de genio y el de héroe. Pero si existe algo no evangélico es, precisamente, el concepto de héroe. La antítesis de toda lucha, de toda idiosincrasia militante, se ha convertido aquí en instinto; la incapacidad de presentar resistencia ("¡no te resistas al mal!" es la palabra más profunda de los Evangelios, en cierto sentido, su clave), la felicidad en la paz, en la mansedumbre, el no poder enfrentarse como enemigo, se vuelve aquí una prédica. ¿Qué significa "buena nueva"? Que se ha encontrado la verdadera vida, la vida eterna; no es anunciada, sino que está ahí, en vosotros, es la vida en el amor, en el amor sin descuento ni exclusión, en el amor sin distancia.

Cada cual es hijo de Dios –Jesús no reclama esta condición para sí solo–, y como hijo de Dios todos son iguales. ¡Hacer de Jesús un héroe! ¡Y qué malentendido es la palabra "genio"! Nuestro concepto de "espíritu" pierde todo sentido en el mundo dentro del cual Jesús habita. Dicho con un rigor propio del fisiólogo, la palabra más correcta sería otra: estupidez. Conocemos un estado de irritabilidad del "sentido del tacto", el cual se espanta ante la idea de todo contacto con un objeto sólido. Si tal habitus fisiológico se traduce a su lógica última, como odio instintivo a toda realidad; como evasión a lo "inaprensible", a lo "inconcebible", como contradicción a cualquier fórmula, a cualquier noción acerca del tiempo y del espacio, de todo cuanto es sólido, costumbre, institución, iglesia, como estar en casa en un mundo al que ya no toca ninguna especie de realidad, en un mundo exclusivamente "interior", "verdadero", un mundo "eterno"... "El reino de Dios está dentro de vosotros".

XXX

El odio instintivo a la realidad: consecuencia de una capacidad de sufrimiento y excitación que no desea ser "tocada", pues todo contacto le provoca una reacción desmedida.

La exclusión instintiva de toda negación, de toda hostilidad, de todos los límites y distancias del sentimiento: consecuencia de una capacidad de sufrimiento y excitación que siente como insoportable displacer (esto es, como perjudicial, como contrario al instinto de conservación) todo oponerse, todo tener–que–oponerse, y que sólo conoce la bienaventuranza (el placer) en no oponer resistencia a nadie, a la desgracia, ni al mal, en donde el amor es la única y última posibilidad de vida.

Tales son las dos realidades fisiológicas en las cuales, de las cuales, ha surgido la doctrina de la redención. La llamo una evolución sublime del hedonismo desde unos fundamentos completamente morbosos. Ligado íntimamente con ella, si bien con el gran complemento de vitalidad y energía nerviosa griegas, está el epicureísmo, la doctrina de redención de los paganos. Epicuro, un decadente típico; según yo lo desenmascaré por primera vez. El miedo al dolor, incluso a lo más mínimo de dolor, no tiene otro destino que terminar como una religión del amor.

XXXI

Con anticipación formulé mi respuesta a este problema. Para ello, es preciso partir de la desfiguración con la cual llegó a nosotros la figura del Redentor. Esta desfiguración es en sí muy verosímil; son varias las razones que impiden conservar de manera pura, íntegra y libre de deformaciones a un tipo semejante. Necesariamente tienen que haber dejado huellas en él tanto el medio ambiente en que se desenvolvió como, sobre todo, la historia y el destino de las primitivas comunidades cristianas: el tipo se enriqueció de manera retroactiva con características que sólo pueden entenderse desde la guerra y con objetivos propagandísticos. Ese singular y enfermizo mundo que nos presentan los evangelios, que parece salido de las páginas de una novela rusa en la que se dan cita la escoria de una sociedad, los padecimientos nerviosos y un idiotismo "infantil", tiene que haber vulgarizado el tipo: los primeros discípulos, particularmente, debieron procesar con su escaso discernimiento ese ser que floraba entre símbolos e intangibilidades, como una manera de comprender algo de él; de hecho, para ellos sólo pudo existir una vez que lograron adaptarlo a formas más conocidas. El profeta, el Mesías, el juez futuro, el moralista, el que hace milagros, Juan el Bautista, otras tantas ocasiones para desconocer el tipo... No le restemos importancia, sin embargo, al propium de toda gran veneración, sobre todo cuando es sectaria: borra en el ser venerado los rasgos y características originales, con frecuencia lastimosamente extraños; ni siquiera es capaz de verlos. Es lamentable que no haya existido un Dostoievski18 cerca de este interesante décadent, es decir, alguien capaz de sentir con exactitud la atracción conmovedora por una mezcla de lo sublime, lo insano y lo infantil. Un último punto de vista:

---

18 Fiodor Dostoievski (1821-1881), novelista ruso.

la figura, como figura de la décadence, podía haber sido de una peculiar multiplicidad y contradicción; no debemos descartar esa posibilidad. Sin embargo, parece apropiado desechar esa conjetura: precisamente la tradición debiera ser en este caso singularmente fiel y objetiva; de aquí que existan razones para admitir justamente lo contrario. Por el momento persiste una contradicción entre el predicador sencillo de la montaña, del mar y los campos, cuya aparición causa la impresión de un Buda en un territorio nada indio, y ese fanático de la agresión, el enemigo mortal de los teólogos y los sacerdotes a quien el malicioso Renan ha llevado a la exaltación de nombrar "el gran maestro de la ironía". No dudo de que esa importante cantidad de bilis (y aun de espíritu) se ha derramado sobre el tipo del maestro solamente a partir del estado de excitación de la propaganda cristiana: es conocida la falta de escrúpulo de todos los sectarios para hacerse su propia apología a partir de su maestro. Aquí los hombres necesitaron de un teólogo astuto y sutil para disputar con los teólogos, juzgarlos y encenderse en ira contra ellos, crearon un Dios de acuerdo con sus necesidades, del mismo modo que le atribuyó sin vacilar conceptos ajenos al Evangelio, de los que ya no podía prescindir: "Juicio final", "resurrección" y toda especie de espera y promesa temporales.

XXXII

Estoy en desacuerdo, lo vuelvo a repetir, a que se incorpore al fanático dentro del tipo del Redento; la palabra imperioso, usada por Renan, es suficiente para anular este tipo.

La "buena nueva" consiste precisamente en que ya existen más antítesis; el reino de los cielos es de los niños; la fe que aquí se manifiesta no es una fe que puede conquistarse a través de la lucha, está ahí, está desde un comienzo. Se trata, por así decirlo, de una infantilidad que se vuelca a lo espiritual. Los fisiólogos conocen acerca de la pubertad retrasada y con un desarrollo incompleto en el organismo, como consecuencia de la degeneración. Tal fe no puede provocar enojo, ni censura, ni defensa; no puede blandir "la espada", no tiene noción de lo que puede llegar a dividir. No se prueba a sí misma, ni por medio de milagros ni utilizando premios y promesas; tampoco "por medio de las escrituras": en todo momento es ella misma su milagro, su premio y prueba, su "reino de Dios". Esta fe no puede tampoco formularse, vive, se enfrenta a las fórmulas. Es verdad que las circunstancias azarosas del ambiente, de la lengua, de la formación previa, delimita un cierto círculo de conceptos: el cristianismo de los primeros tiempos se vale exclusivamente de conceptos judeo-semíticos (entre ellos, comer y beber en el caso de la comunión, ese concepto del que, como de todo lo judío, ha abusado de una manera maligna). Pero es preciso estar a salvo de ver en ellos más que un lenguaje simbólico, una semiótica, una oportunidad para expresarse a través de alegorías. Es preciso que ninguna de sus palabras sea tomada al pie de la letra como condición previa para que ese antirrealista pueda hablar. Entre los indios se hubiera servido de las ideas de Sankhya; entre los chinos, de las de Lao-tse, sin que se note ninguna diferencia. Con cierta amplitud en el juicio podría denominarse a Jesús "espíritu libre"; no le resultan importantes. No le importan las cosas fijas: la palabra mata, todo fijo mata. El concepto, la experiencia "vida", tal cual él la conoce, se topa en él con toda clase de palabra, fórmula, ley, creencia y dogma. Habla solamente de lo más íntimo: "vida", "realidad" o "luz" son las palabras que utiliza para nombrar lo íntimo; todo lo demás, la realidad y la naturaleza enteras, el lenguaje mismo, posee para él el valor de un signo, de una metáfora. No puede uno equivocarse, por muy grande que sea la reducción que existe en el prejuicio cristiano, es decir, eclesiástico: tal simbolismo por excelencia es ajeno a toda religión y a todo concepto de culto; a toda historia y ciencia natural; a toda experiencia del mundo; todo conocimiento, política y psicología; todo libro y todo arte. Su "saber" es precisamente la necesidad pura en lo referente a que exista algo parecido. Desconoce la cultura, no tiene motivos para luchar contra ella, no la niega. Lo mismo se aplica al Estado, para la organización y la sociedad burguesas en su totalidad, para el trabajo, para la guerra; no ha tenido nunca una razón para negar al mundo, nunca ha sabido acerca del concepto eclesiástico "mundo". La negación es para él, precisamente, lo absolutamente imposible. De igual modo falta la dialéctica, falta la noción de que una fe, una "verdad", pueda ser demostrada con argumentos (sus pruebas son "luces" interiores, sentimientos de placer y autoafirmaciones, simples "pruebas de la fuerza"). Dicha doctrina no es capaz de contradecir: no puede comprender de ninguna manera que existan otras doctrinas, que pueda haberlas, no tiene la capacidad de imaginar un juicio contrario. Dondequiera que se lo encuentre tendrá que lamentar, con una profunda compasión, la "ceguera", ya que ella ve la "luz", pero no hará ninguna objeción.

XXXIII

En la psicología del Evangelio se produce una ausencia de dos conceptos: culpa y castigo; también está abolido el concepto de "premio". El "pecado", toda relación de distancia entre Dios y el hombre, es igualmente excluido. Ésa es, precisamente, la buena nueva. La bienaventuranza no es una promesa, ni se vincula a determinadas condiciones: es la única realidad, el resto es signo utilizado para hablar de ella.

La consecuencia de tal estado se proyecta en una práctica nueva, en la práctica propiamente evangélica. Lo que diferencia al cristiano no es una "fe"; el cristiano obra y lo hace de un modo distinto. A quien le hace mal no le opone resistencia, ni mediante las palabras ni en el corazón. No hace distinciones entre propios y extraños, entre judíos y no judíos ("el prójimo" es propiamente dicho el correligionario, el judío). No se enoja con nadie, ni guarda rencor. Tampoco apela al tribunal ni se deja demandar ("no jurar"). Bajo ningún motivo se separa de su mujer, ni siquiera cuando haya sido probada su infidelidad. En el fondo, todo queda reducido a un solo principio, todo es consecuencia de un instinto.

La vida del Redentor no fue otra cosa que esta práctica, como tampoco su muerte fue otra cosa. Ya no tenía necesidad de fórmulas ni ritos para entablar un contacto con Dios, ni siquiera de oración. Había desechado toda la doctrina judía de penitencia y reconciliación; sabía que la práctica de la vida es la única manera de sentirse "divino", "bienaventurado", "evangélico" y un "hijo de Dios". Ni la "penitencia", ni la "oración por perdón" son senderos que conducen a Dios.

Sólo la práctica evangélica conduce a Dios, incluso es Dios". Lo que quedó suprimido con el Evangelio fue el judaísmo de los conceptos "pecado", "absolución", "fe" y "salvación por la fe"; toda la doctrina eclesiástica judía quedaba negada en la "buena nueva".

El hondo instinto de cómo hay que vivir para "llegar al cielo", para ser "eterno", mientras que con cualquier conducta diferente uno no siente de esta manera: ésta es la única realidad de la "redención". Se trata de una nueva manera de vivir, no de una nueva fe.

XXXIV

Si entiendo algo de ese gran simbolista, es que tomó exclusivamente realidades interiores por realidades, por "verdades", que entendió el resto, lo natural, lo temporal, lo espacial y lo histórico, tan sólo como signo, como "verdades", como oportunidad para expresar por medio de la metáfora. Cuando se refiere al "hijo del hombre" no habla de ninguna persona concreta, que pertenece a la historia; no es ningún hecho individual y único, sino un hecho "eterno", un símbolo psicológico ajeno de la noción del tiempo. Lo mismo sucede, y en un sentido más sublime, con el Dios de este tipo simbolista, con el "reino de Dios", con el "reino de los cielos", con la "sagrada familia". Nada es menos cristiano que la brutalidad eclesiástica de un Dios como persona, de un "reino de Dios" que vendrá, de un "reino de los cielos" más allá, de un "hijo de Dios", la segunda persona de la Trinidad. Todo esto es –pido disculpas por la expresión– una trompada en el ojo –¡y en qué ojo!– del evangelio; un cinismo histórico universal en la burla del símbolo. Pero es evidente –acepto que no lo es para todos– lo que aparece mezclado con los signos "padre" e "hijo": con la palabra "hijo" se expresa el ingreso en el sentimiento de la transfiguración de todas las cosas (la bienaventuranza); con la palabra "padre" este sentimiento mismo, el sentimiento de eternidad, de perfección. Me da vergüenza recordar lo que la Iglesia ha hecho de este simbolismo: ¿no ha colocado en el umbral del credo cristiano una historia de Anfitrión19? ¿Y, además, un dogma de la "inmaculada concepción"? Pero con todo esto no ha hecho otra cosa que mancillar la concepción.

El "reino de los cielos" es un estado del corazón, no es algo que viene del "más allá" o que pueda encontrarse "después de la muerte". El concepto de muerte natural está ausente en el Evangelio: la muerte no es un puente, un tránsito, está ausente porque forma parte de un mundo por completo diferente, hecho de apariencias, cuya única utilidad es la de proporcionar signos. La "hora de la muerte" no es un concepto cristiano, la "hora", el tiempo, la vida física y sus crisis no tienen ninguna existencia para quien nos trae la "buena nueva". El "reino de Dios" no puede esperarse, no tiene un ayer ni un pasado mañana, no llegará en "mil años"; es una experiencia interna que está en todas partes y no está en ningún lugar.

---

19 Se refiere al episodio de la mitología griega y su analogía con la leyenda de Caín y Abel.

XXXV

Este "buen mensajero" murió tal cual vivió, como enseñó, no para "redimir a los hombres", sino para enseñarles de qué manera se debe vivir. Es la práctica su legado para la humanidad: su comportamiento ante los jueces, ante los soldados, ante los acusadores y ante todo tipo de insultos y burlas, su conducta en la cruz. No se resiste, no defiende su derecho, no da ningún paso que lo pueda alejar de lo más extremo, aún más, lo provoca. Y reza, sufre, ama junto con quienes, en quienes le hacen mal. Las palabras que dice el ladrón en la cruz contienen todo el evangelio. "¡Este ha sido realmente un hombre divino, un hijo de Dios!". "Si tú sientes lo que dices, estarás conmigo en el Paraíso", responde el redentor. No defenderse, no experimentar ira, no responsabilizar a los demás. Pero tampoco oponer resistencia al mal, sino aprender a amarlo.

XXXVI

Sólo nosotros, espíritus que hemos alcanzado la libertad, cumplimos con los requisitos para comprender algo que ha sido malentendido durante diecinueve siglos, aquella honradez convertida en instinto y pasión que lucha contra la "mentira santa" con más énfasis que contra cualquier mentira. Ese estaba infinitamente lejos de nuestra neutralidad más tierna y cautelosa, de todo pudor del espíritu con el cual sólo es factible adivinar cosas tan ajenas y delicadas: en todas las épocas de deseó, con un egoísmo insolente, no sólo la ventaja propia, se construía la Iglesia sobre lo contrario a lo que es el evangelio.

Aquel que buscara indicios de una irónica divinidad quien, detrás del gigantesco juego del mundo, movía los dedos, encontraría un sólido apoyo en el gran interrogante que conocemos como cristianismo. Que la humanidad esté de rodillas ante la antítesis de lo que fue el origen, el sentido y el derecho del evangelio, que haya santificado en el concepto "Iglesia" lo que el "buen mensajero" sentía por debajo de sí, por encima de sí. Inútilmente se buscará una expresión más grande de ironía histórica mundial.

XXXVII

Nuestros tiempos se colman de orgullo de su sentido histórico: ¿cómo es posible que se haya hecho creíble el absurdo de que, al inicio del cristianismo, existe la vulgar fábula de un taumaturgo y un redentor, y de que todo lo espiritual y simbólico es sólo una evolución de desarrollo posterior?

Por el contrario, la historia del cristianismo –sin duda desde la crucifixión– es la historia de un malentendido cada vez más grosero sobre un simbolismo originario. A medida que el cristianismo se expandía sobre masas cada vez más vastas y rudimentarias, incapaces de comprender el contexto y las condiciones en que se originó, fue necesario vulgarizarlo y barbarizarlo. Para ello, debió absorber los ritos y doctrinas de todos los cultos subterráneos del Imperio Romano y el absurdo de toda variedad de enfermedades de la razón.

La fatalidad del cristianismo está en que debió enfermar y vulgarizar su fe tanto como lo eran las necesidades que debían satisfacerse a través de él. La enferma barbarie se suma finalmente al poder como Iglesia, esa forma de enemistad mortal a toda integridad, a toda elevación de alma, a toda disciplina del espíritu, a toda humanidad generosa y de bien. Los valores cristiano-aristocráticos: ¡sólo nosotros, espíritus que alcanzamos la libertad, hemos restablecido el contraste de estos valores!

XXXVIII

Llegado a este punto, es inevitable exhalar un suspiro. Existen días en que soy dominado por un sentimiento más oscuro que la oscura melancolía: el desprecio hacia los hombres. Y para dejar en claro qué es lo que desprecio, a quién desprecio, aclaro: es el hombre actual, el hombre que fatalmente me es contemporáneo. Me asfixio con el aliento impuro del hombre de hoy... El hombre de ahora; me asfixia su aliento impuro... Como toda criatura consciente, ostento una gran tolerancia hacia los hechos consumados; es decir, poseo un generoso autodominio: atravieso con cautela el manicomio que el mundo ha sido durante milenios, llámese "cristianismo", "fe cristiana", "iglesia cristiana", evitando responsabilizar a la humanidad por sus males espirituales. Pero un sentimiento cambia de manera repentina, se quiebra conforme entro en la nueva época, en nuestra época. Nuestra época está informada. Lo que antaño era algo enfermo, hoy es algo indecente. Hoy es indecente ser cristiano. Y es en este punto donde se inicia mi asco. Miro hacia los lados: no ha permanecido una sola palabra de lo que solía significar "verdad", no podemos tolerar que un sacerdote ose pronunciar esa palabra. Aun en la más modesta de las pretensiones de honradez, es preciso comprender que un teólogo, un sacerdote o un papa no solamente se equivocan en cada frase que pronuncian, sino que mienten, que ya no son libres de mentir ni por "inocencia" ni por "ignorancia".

El sacerdote, como todo el mundo, sabe muy bien que no ya no existe ningún "Dios", ningún "pecador" ni ningún "redentor"; que el "libre albedrío", el "orden moral del mundo" son mentiras; la sociedad, el dominio que ejerce el espíritu sobre sí mismo, ya no permiten seriedad, la profunda autosuperación del espíritu ya no permite a nadie seguir ignorando estas cuestiones. La totalidad de los conceptos de la Iglesia están reconocidos como lo que son: una fábula siniestra cuyo objetivo es desvalorizar la Naturaleza, los valores naturales; el mismísimo sacerdote está desenmascarado como lo que es: la más peligrosa especie de parásito, una verdadera araña ponzoñosa de la vida. Sabemos, nuestra conciencia lo sabe hoy, cuál es el valor y con qué fin han servido los inventos de los sacerdotes y de la Iglesia, por culpa de los cuales fue posible alcanzar tal estado de pérdida de la propia honra de la humanidad, que se vuelve un espectáculo desagradable; conceptos como "más allá", "juicio final", "inmortalidad del alma", incluso la misma idea de "alma", son instrumentos de tortura, mecanismos de crueldad que le permiten al sacerdote hacerse con todo el poder y continuar ostentándolo. Todo el mundo sabe esto: y aun así, todo continúa igual que antes. ¿En dónde quedó el último vestigio de decencia, de respeto por uno mismo, si hasta nuestros estadistas, hombres inescrupulosos y por completo anticristianos, todavía hoy siguen llamándose cristianos y acuden a comulgar? Un joven príncipe al frente de sus ejércitos, sublime expresión del egoísmo y la altanería de su pueblo —¡pero reconociéndose cristiano sin ningún pudor!— ¿A quién niega el cristianismo?, ¿cuál es el significado de "mundo"? Ser soldado, juez, patriota; defenderse; mantener el honor; buscar la ventaja propia; ser orgulloso... Cada una de las prácticas de cada momento, cada instinto, cada valoración que toma la forma de una acción: ¡qué aberración de mentira tiene que ser el hombre moderno para no sentir vergüenza, aun ante los hechos, de continuar llamándose cristiano!

XXXIX

Llegó el momento de volver hacia atrás y contar la verdadera historia del cristianismo. Ya desde la misma palabra "cristianismo" estamos ante un malentendido; en realidad, hubo un solo cristiano y fue el que murió crucificado. El "evangelio" murió con él en la cruz. Lo que conocemos como evangelio desde entonces es lo contrario a lo que él había vivido: una "mala nueva", un disangelio[20]. Es absurdamente

---

20 Juego de palabras que el autor realiza con los vocablos griegos: evange lio (buena nueva) y dys—angelio (mala nueva).

falso tratar de encontrar una "fe" en él, por caso la fe en la redención de Cristo, una característica del cristiano. Sólo la práctica cristiana es cristiana, es decir, una vida que reproduzca la que vivió el que murió crucificado. Todavía hoy es factible una vida así, incluso imprescindible para ciertos hombres: el cristianismo verdadero, el de los orígenes, será posible en todos los tiempos. No se trata de una fe, sino de un hacer, principalmente un no hacer muchas cosas, un ser diferente.

Los estados de conciencia, cualquier fe, creer que algo es verdadero, por ejemplo –cualquier psicólogo lo sabe– son estados indiferentes y de quinta categoría frente al valor que tienen los instintos; con mayor precisión, todo el concepto de causalidad espiritual es falso. Reducir el ser cristiano, la cristianidad, a un juego de creer en una cosa u otra, a una fenomenalidad de la conciencia, es negar la esencia del cristianismo. En realidad no existen los cristianos. El "cristiano", lo que desde hace dos milenios se llama cristiano, no es otra cosa que un malentendido psicológico sobre sí mismo. Mirado con detenimiento, dominan en él, pese a cualquier "fe", nada más que los instintos. ¡Y qué instintos! La "fe" ha sido siempre, en todas las épocas, un mero pretexto, una cortina tras la cual los instintos podían hacer su parte; una útil ceguera sobre el dominio de los instintos conscientes.

La "fe", que más arriba denominé como la verdadera de las astucias cristianas; siempre se ha hablado acerca de la "fe", pero se ha obrado guiado por el instinto. En el mundo de las ideas cristianas no es posible encontrar nada que alcance siquiera a rozar la realidad. Muy por el contrario, lo único que hemos descubierto como origen del cristianismo es un odio instintivo a cualquier asomo de realidad. ¿Qué podemos deducir de esto? Que también in psychologicis la equivocación es en este caso radical; es decir, determina el ser, la sustancia. Retírese de aquí un concepto que sea reemplazado por una realidad única, ¡bastará para que el cristianismo de precipite en la nada! Visto desde lejos, éste continúa siendo el más extraño de todo aquello que rodea estos hechos: una religión no sólo condicionada por errores, sino que únicamente en los errores perjudiciales, aquellos que resultan veneno para la vida y el corazón, es creativa y llega incluso a la genialidad, un verdadero espectáculo para los dioses, para esas divinidades que al mismo tiempo son filósofos y con las que me topé, por ejemplo, en los célebres diálogos de Naxos. En el momento que la náusea los deja de lado (¡también a nosotros!) experimentan agradecimiento por el espectáculo del cristiano: el miserable e insignificante planeta que conocemos como Tierra merece, tal vez por este extraño caso, una mirada divina, un interés divino.

No menospreciemos al cristiano: falso hasta la ingenuidad, está muy por encima del mono; con respecto a los cristianos, una conocida teoría sobre los orígenes se vuelve una simple cortesía.

XL

La fatalidad del evangelio se decidió con la muerte, quedó crucificada. Sólo la muerte, esa muerte repentina e infame, reservada sólo para el canalla, sólo esa horrorosa paradoja dejó a los discípulos de cara a un enigma: "¿quién era ese hombre?". Es comprensible el sentimiento de estupor y ofensa, la sospecha de que aquella muerte significara la refutación de su causa, el terrible interrogante: "¿por qué precisamente así?". Aquí debía ser todo necesario, tener sentido, razón, la más elevada de las razones; el amor de un discípulo no conoce el azar. Sólo entonces se abrió el abismo: "¿quién lo mató?, ¿quién era su enemigo natural?". Esas preguntas estallaron como relámpagos. La respuesta: el judaísmo gobernante, su clase más alta. Desde ese momento se percibía una rebeldía contra el orden reinante; luego se entendía a Jesús como alguien en rebeldía contra el orden. Hasta entonces su retrato carecía de ese rasgo belicoso, ese decir y obrar desde la negación; más aún, era la contradicción de esa característica.

Es claro que la pequeña comunidad no tuvo la capacidad para entender lo más importante, lo ejemplar de esa manera de morir, la libertad, la superioridad sobre todo ressentiment: ¡señal de lo poco que se lo comprendió! Con su muerte, Jesús no pudo desear otra cosa que demostrar públicamente su doctrina. Pero sus discípulos no estuvieron dispuestos a perdonar esa muerte con la paz de corazón que les había sido enseñada; prefirieron el sentimiento menos evangélico: la venganza. No era tolerable que todo finalizara con esa muerte: necesitaban una "reparación", un "juicio" (y sin embargo, ¡nada menos evangélico que la "reparación", el "castigo", el "juicio"!). Otra vez tuvo importancia la esperanza en la llegada de un Mesías; un momento histórico se manifestó: el "reino de Dios" viene a juzgar a sus enemigos. Así todo quedaba tergiversado: ¡el "reino de Dios" como acto final, como promesa! El Evangelio había sido precisamente el estar presente, la consumación, la realidad de ese "reino". Una muerte como la de la cruz era ese "reino de Dios". Sólo entonces se incorporó a la figura del maestro todo el desprecio y la ira contra fariseos y teólogos. ¡Con eso se hizo de él un fariseo y un teólogo! Por otra parte, la veneración desaforada de esas almas sin uso de la razón ya no toleraba esa igualdad evangélica de todos como hijos de Dios que había enseñado Jesús; su venganza consistía en elevar a Jesús, desligarlo de ellos mismos; hacer lo mismo que los judíos habían hecho con su Dios, por venganza contra sus enemigos. El Dios único y el hijo único de Dios, dos resultados del ressentiment.

XLI

A partir de lo sucedido se planteó una disyuntiva: "¡cómo pudo Dios permitir esto!". La pequeña comunidad utilizó su perturbado razonamiento para encontrar una respuesta tan terrible como absurda: Dios sacrificó a su hijo para redimir al hombre de sus pecados, como víctima. ¡Cómo se terminó de golpe con el Evangelio! ¡El sacrificio reparador, y aun en su forma más repugnante, más bárbara, el sacrificio del inocente por los pecados de los culpables! ¡Qué paganismo más espantoso! Jesús había abolido el concepto de "culpa", había negado la distancia abismal entre Dios y el hombre, vivió esta unidad de Dios y el hombre como su "buena nueva". ¡Y no como privilegio! A partir de entonces, se incorporaron gradualmente al tipo de Redentor la doctrina del juicio y de la resurrección, la doctrina de la muerte como muerte sufrida para reparar la culpa de los hombres y la doctrina de la resurrección, con la cual el concepto "bienaventuranza", entera y única realidad del Evangelio, ¡quedó relegado detrás de un estado después de la muerte! Pablo le dio lógica a esta interpretación, a esta inmundicia de interpretación, con esa insolencia rabínica que lo caracteriza: "si Cristo no ha resucitado entre los muertos, nuestra fe es vana". Y de pronto el Evangelio quedó convertido en la más despreciable de todas las promesas imposibles de cumplir: la insolencia de la inmortalidad de la persona. ¡El propio Pablo la enseñó aun como recompensa!

XLII

Es claro lo que con la muerte en la cruz había llegado a su fin: un nuevo y original comienzo para un movimiento budista de paz, para una felicidad en la tierra efectiva y no sólo prometida. Y, como ya lo señalé, la diferencia principal de estas dos religiones de la décadence sigue siendo la misma: el budismo no promete, cumple; el cristianismo promete todo, pero no cumple nada. La "buena nueva" fue reemplazada por la peor de todas: la de Pablo. Pablo encarna todo lo contrario al "buen mensajero", es el genio en el odio, en la visión del odio y su implacable lógica. ¡Cuánto sacrificó al odio este disangelista! Principalmente al propio Redentor: lo clavó en su cruz. La vida, el ejemplo, la doctrina, la muerte, el sentido y el derecho de todo el Evangelio, todo pereció cuando ese falsificador por odio entendió lo que necesitaba. Ni la realidad ni la verdad histórica. Así, una vez más, el instinto sacerdotal del judío cometió el mismo grave crimen contra la historia, eliminó el ayer y el antes de ayer del cristianismo, se inventó una historia del primitivo cristianismo. Todavía más, falseó la historia de Israel para que sea considerada la prehistoria de su obra, para que todos los profetas hubieran hablado de su "Redentor". Después fue el turno de la Iglesia de falsear la historia de la humanidad como una prehistoria del cristianismo. El tipo del Redentor, la doctrina, la práctica, la muerte, el sentido de la muerte, incluso su después, nada quedó intacto, nada mantuvo un ápice de semejanza con la realidad.

Pablo llevó a cabo una tarea sencilla: trasladó el centro de gravedad de toda aquella existencia detrás de esa existencia, a la mentira del Jesús "resucitado". No le era útil, en el fondo, la vida del Redentor; lo que necesitaba era la muerte en la cruz, e incluso algo más. Sería una verdadera bobada para un psicólogo creer honrado a Pablo, perteneciente a la sede principal de la ilustración estoica, cuando utiliza una alucinación como prueba de que el Redentor aún vive, o incluso otorgarle crédito a su afirmación de que tuvo esa alucinación: Pablo tenía un fin y, en consecuencia, también los medios para lograrlo. Lo que él mismo no creía lo creyeron los idiotas entre los cuales propagaba su doctrina. Su necesidad era el poder; Pablo le brindó al sacerdote otra vez el deseo de alcanzar el poder; para ello utilizó conceptos, doctrinas y símbolos útiles al objetivo de domesticar a las masas, de formar rebaños. ¿Qué fue lo único que Mahoma, tiempo después, tomó prestado del cristianismo? La invención de Pablo, su medio para llegar a la tiranía de los sacerdotes e incrementar los rebaños: la creencia en la inmortalidad, la doctrina del "juicio".

XLIII

Cuando el centro de gravedad de la vida no se sitúa en ella, sino en el "más allá"— en la nada–, se despoja a la vida de su centro de gravedad en términos absolutos. El gran engaño de la inmortalidad de la persona echa por tierra cualquier razón, cualquier naturalidad presente en el instinto; todo lo que el instinto tiene de positivo, favorecedor de vida y garantizador de futuro, comienza a verse con desconfianza.

Vivir de tal modo que ya no tenga sentido vivir, es lo que pasa a ser ahora el "sentido" de la vida. ¿De qué sirven el sentido de comunidad, la gratitud hacia los antepasados; de qué sirve colaborar, confiar, promover el bien común? Todo eso se considera como "tentaciones", tanto como desviaciones del "camino recto". "Una sola cosa es necesaria", que cada cual en tanto "alma inmortal" tenga el mismo valor; que a la salvación de cada persona en el conjunto de todos los seres le sea legítimo atribuirse una importancia eterna; que pequeños mojigatos y locos tengan derecho a suponer que por ellos son transgredidas constantemente las leyes de la Naturaleza. No hay desprecio suficiente para denunciar tal exacerbación de toda clase de egoísmos hasta el infinito, hasta la insolencia. Y, sin embargo, el cristianismo debe su triunfo a tan deplorable halago a la vanidad personal, precisamente con ella ha convencido a todos los fracasados a sumarse a él, a los rebeldes, los descarriados y toda la escoria humana.

"Salvación del alma" significa claramente "el mundo gira alrededor de mí". El veneno de la doctrina de la "igualdad de derechos para todos" fue inoculado por el cristianismo con mayor profundidad; ha librado una batalla desde los rincones más oscuros de los malos instintos a todo sentimiento de respeto y distancia entre los hombres; es decir, a la condición previa para toda elevación, para todo crecimiento de la cultura ha forjado del ressentiment de las masas su arma capital contra nosotros, contra todo lo aristocrático, alegre y generoso sobre la tierra, contra nuestra felicidad sobre la tierra.

La "inmortalidad" concedida a cualquier Pedro y a cualquier Pablo era hasta ahora el peor atentado contra la humanidad aristocrática. ¡Y no subestimamos la fatalidad que partió del cristianismo y se enquistó en la política! Ya nadie puede exigir privilegios, derechos de señoría, veneración para sí mismo y sus iguales, proclamar un pathos de la distancia. ¡Nuestra política está enferma de esta falta de valor! Lo aristocrático de los sentimientos ha sido socavado de la manera más subterránea a través del engaño de la igualdad de las almas; y si la creencia en el "privilegio de la mayoría" hace y hará revoluciones, no existen dudas de que son los juicios de valores cristianos, lo que toda revolución traduce en sangre y crímenes. El cristianismo es una sublevación de todo lo que se arrastra por el suelo contra lo que tiene altura: el evangelio de los "viles" rebaja.

XLIV

Los Evangelios resultan un precioso testimonio de la corrupción incontenible dentro de las primitivas comunidades. Lo que tiempo después Pablo llevó hasta sus últimas consecuencias haciendo gala del cinismo lógico de los rabinos, era el proceso de decadencia iniciado con la muerte del Redentor. Los Evangelios pueden leerse con sumo cuidado y atención, pero aún así aparecerán las dificultades que se esconden detrás de cada palabra. Debo confesar, con riesgo a ser mal entendido, que por esta misma razón constituyen una fuente de entretenimiento de primera categoría para un psicólogo, como antítesis de toda corrupción ingenua, como el refinamiento por excelencia, como obra cumbre de la corrupción psicológica. Los Evangelios están en otro plano. La Biblia es algo único que no admite ninguna comparación. Estamos entre judíos: primer punto de vista a considerar para no perder por completo el hilo. La mutación de uno mismo a la "santificación", jamás alcanzada ni en libros ni en personas, ese engaño de palabras y gestos como arte, no es el resultado de un azar individual, de una excepción de la naturaleza. Es necesaria la raza. En el cristianismo, en tanto arte de la mentira por medio de la santidad, el judaísmo alcanza un ejercicio previo y una técnica judíos de cientos de años, una verdadera maestría.

El espíritu es la última ratio de la mentira, el judío por triplicado. La voluntad fundamental de valerse exclusivamente de conceptos, símbolos y actitudes probados por la práctica del sacerdote, el rechazo instintivo de prácticas diferentes, de cualquier perspectiva diferente de valor y utilidad, no es simple tradición, sino herencia: sólo como herencia actúa como naturaleza.

La humanidad toda, incluso las mentes más lúcidas de los mejores tiempos (con excepción de uno que quizás no sea más que un monstruo), ha sido víctima del engaño. El

Evangelio ha sido leído como libro de la inocencia. lo cual comprueba con qué maestría ha sido representada la comedia. Si fuéramos capaces de ver, aunque sea fugazmente, a todos esos curiosos mojigatos y santos de pacotilla, se acabaría todo. Precisamente por eso, porque no leo palabras sin ver gestos, acabo con ellos. No puedo tolerar en ellos su manera de abrir los ojos. Afortunadamente, los libros son para la mayoría nada más que literatura. No hay que dejarse engañar: dicen "¡No juzguéis!", pero jamás dudan en enviar al infierno a quienes les resultan una molestia. Haciendo juzgar a Dios, son ellos los que juzgan; glorificando a Dios, se glorifican a sí mismos; exigiendo las virtudes que ellos son capaces de practicar —aún más, las que ellos necesitan para mantenerse en la cima del poder— aparentan con grandilocuencia luchar por la virtud y por su conquista. "Vivimos, morimos, nos sacrificamos por el bien" (por "la verdad", "la luz", el "reino de Dios"); en realidad, no hacen otra cosa que lo que les es inevitable hacer. Se abren paso como santurrones, se sientan en un rincón y viven en las sombras haciendo de ello un deber; como tal, su vida aparece humilde, y como humildad es una prueba más de piedad.

¡Oh, qué engaño tan modesto, virtuoso y lleno de misericordia! "La virtud misma debe dar fe de nosotros". Hay que leer los Evangelios como libros que destruyen la moral; esa gente minúscula monopoliza la moral, ¡y bien saben ellas lo que les importa la moral! ¡Nada mejor que la moral para burlarse de la humanidad! La verdad es que aquí el papel de la modestia es representado por la más consciente soberbia de quienes se creen elegidos; se han colocado a sí mismos, a la "comunidad", a los "buenos y justos", de un lado: el de "la verdad"; al resto, "el mundo", lo han colocado del otro. Esta ha sido la forma de megalomanía más nociva que existió sobre la Tierra: insignificantes engendros de santurrones y mentirosos reclamaron para sí mismos los conceptos "Dios", "verdad", "luz", "espíritu", "amor" "sabiduría" y vida", casi como sinónimos de sí mismos, con el objetivo de separarse de esta forma del resto del mundo. Pequeños judíos superlativos, maduros para encerrarse en los manicomios, invirtieron los valores en beneficio de sí mismos, como si sólo el cristiano fuese el sentido, la sal, la medida e incluso el juicio final de todo el resto. Toda esa fatalidad sólo fue posible pues ya existía en el mundo un tipo afín de megalomanía desde lo racial: el judío. Una vez que se abrió el abismo entre los judíos y los cristianos de origen judío, éstos no tenían más remedio que utilizar los idénticos mecanismos de preservación que el instinto judío había recetado contra los judíos mismos, en tanto que éstos los habían empleado únicamente contra todo el mundo no judío. El cristiano no es más que un judío de confesión "más libre".

XLV

A continuación, presento algunas pruebas de lo que esa insignificante gente se ha obstinado en pensar; de lo que ha puesto en boca de su maestro: puras confesiones de "almas sublimes".

"Y dondequiera que no os reciben ni escuchan, retiraos de allí, sacudid el polvo de vuestros pies como testimonio contra ellos. Os digo que Sodoma y Gomorra serán tratadas con mayor piedad en el día del juicio, que semejante ciudad" (Marcos, 6, II). ¡Qué evangélico!

"A quien escandalizare a alguno de estos pequeños que creen en mí, mucho mejor le fuera que le ataran al cuello una de esas piedras de molino que mueve un asno y lo arrojaran al mar" (Marcos, 9, 41). ¡Qué evangélico!

"Si tu ojo resulta un estorbo, arráncalo: más lo vale entrar tuerto en el reino de Dios, que tener dos ojos y ser arrojado al fuego del infierno; donde el gusano que les roe nunca muere, ni el fuego jamás se apaga" (Marcos, 9, 46-47). Es claro que no se refiere precisamente al ojo.

"En verdad os digo que algunos de los que aquí están no han de morir antes de ver el advenimiento del poder de Dios" (Marcos, 9, I). ¡Bien mentido, león21!

"Quien desee seguirme, niéguese a sí mismo, cargue con su cruz y sígame. Pues…" (Observación de un psicólogo: la moral cristiana es refutada por sus "pues": sus "razones" refutan, esa es la esencia cristiana) (Marcos, 8, 34).

"No juzguéis, para que no seáis juzgados. Con la misma vara con que midáis, habéis de ser medidos vosotros" (Matías, 7, I). ¡Vaya concepto de la justicia, del juez "justo"!

"Pues si no amáis sino a los que os aman, ¿qué premio habéis de tener? ¿No lo hacen así también los publicanos? Y si no saludáis a otros que a vuestros hermanos, ¿qué hacéis de extraordinario? ¿Por ventura no hacen también esto los

---

21 Nietzsche se refiere de este modo a Marcos aludiendo a un pasaje de *Sueño de una noche de verano*, del escritor inglés William Shakespeare ("¡Bien rugido, león!"), ya que el león es el animal heráldico de Marcos.

paganos?" (Mateo, 5, 46–47). Principio del "amor cristiano": quiere tener, en definitiva, una buena paga.

"Si vosotros no perdonáis a los hombres sus faltas, tampoco vuestro Padre perdonará las vuestras" (Mateo, 6, 15). Muy comprometedor para el llamado "padre".

"Buscad primero el reino de Dios y su justicia y todo lo demás os será concedido por añadidura" (Mateo, 6, 33). Todo lo demás: alimento, ropa, todo cuanto se necesita para vivir. Un error, siendo modesto. Poco después, Dios aparece como sastre, cuanto menos en ciertos casos.

"Alegraos en ese día y regocijaos, pues vuestro premio en el cielo es grande. Lo mismo hicieron vuestros padres con los profetas" (Lucas, 6, 23). ¡Qué gente más desvergonzada! Tienen la osadía de compararse con los profetas.

"¿No sabéis que sois templo de Dios, y que el Espíritu de Dios mora en vosotros? Si alguien destruye el templo de Dios, Dios lo destruirá a él, pues el templo de Dios es sagrado y vosotros sois ese templo" (Epístola I a los Corintios, 3, 16-17). Estos conceptos merecen el más profundo desprecio.

"¿No sabéis que los santos han de juzgar este mundo? Pues si el mundo ha de ser juzgado por vosotros: ¿no seréis dignos de juzgar cosas menores?" (Pablo I, Corintios, 6, 2). Desgraciadamente, éstas no son meras palabras de un demente. Este terrible estafador continúa diciendo: "¿No sabéis que hemos de ser jueces de los ángeles? ¿Cuánto más de las cosas mundanas?".

"¿No ha hecho Dios de la sabiduría de este mundo una verdad? Ya que el mundo con su sabiduría no reconoció a Dios, a Dios le complació hacer bienaventurados a los creyentes por medio de una predicación necia; no muchos sabios según la carne, no muchos poderosos, no muchos nobles son llamados. Sino que Dios ha elegido a los necios ante el mundo para confundir a los sabios; y lo débil ante el mundo lo ha elegido Dios par deshonrar al fuerte; y lo innoble ante el mundo y lo despreciado lo ha elegido Dios, y lo que es nada, para anonadar a lo que es algo. Para que ninguna carne se gloríe delante de él". (Pablo, I, a los Corintios, I, 20 y siguientes). Para comprender este pasaje, testimonio fundamentalmente sobre la psicología de toda moral de chandala, léase el tratado Genealogía de la moral: en él ha sido destacado por primera vez el contraste entre la moral aristocrática y la moral chandala, surgida del ressentiment y de una sed de venganza impotente. Pablo, el más grande de todos los apóstoles de la venganza.

XLVI

¿Qué se deduce de esto? Que es bueno colocarse los guantes antes de comenzar a leer el Nuevo Testamento. La cercanía de tantas impurezas casi obliga a tomar esta precaución. Elegiríamos como compañía tanto a unos cristianos primitivos, como a unos judíos polacos: ni siquiera sería necesario encontrar un argumento para objetarlos. Ninguno de los dos huele bien. He buscado en vano en el Nuevo Testamento aunque sea un sólo rasgo simpático; nada puede encontrarse en él que sea libre, bondadoso, franco, íntegro. Ni siquiera un primer comienzo puede encontrar en él la humanidad, faltan los instintos de limpieza. En el Nuevo

Testamento no hay otra cosa que malos instintos, de hecho falta el valor necesario para ellos. Todo lo que puede encontrarse es cobardía, preferir la ceguera y engañarse a uno mismo. Cualquier libro se vuelve limpio cuando se ha leído el Nuevo Testamento: como ejemplo basta saber que leí con fruición, después de Pablo, a ese gracioso e insolente burlón de Petronio, del cual se puede decir lo que Domenico Bocaccio escribió al duque de Parma sobre César Borgia: "è tutto festo"22 inmortalmente sano, jovial y bien educado. Esos insignificantes santurrones cometen un error en lo más importante. Atacan, pero todo lo que es atacado por ellos queda así honrado. Quien es atacado por un "cristiano primitivo" no queda herido. Por el contrario, representa un honor que un "cristiano primitivo" esté en contra de uno. No es posible leer el Nuevo Testamento sin sentir empatía por todo lo que es maltratado en él; por no hablar de la "sabiduría de este mundo", que un petulante trató en vano de desacreditar "con una necia predicación". Incluso los fariseos y los escribas logran beneficiarse con ese enfrentamiento: tienen que haber tenido algún valor para ser combatidos de esa manera. Fariseísmo... ¡ese es un reproche que se podría hacer a los primitivos cristianos! Finalmente, unos y otros eran los privilegiados; con esto basta para que se desate el odio de chandala. El "primitivo cristiano" –probablemente también el "último cristiano", que quizás viviré para ver algún día– se subleva contra todo lo privilegiado desde lo más profundo de sus entrañas; vive y combate siempre por "iguales derechos". Visto con precisión,

---

22 En italiano en el original: "Todo él es firme"

no existe otra posibilidad. Si uno pretende ser un "elegido de Dios", un "templo de Dios" o un "juez de los ángeles", entonces cualquier otro principio selectivo diferente, basado, por ejemplo, en la honradez, el espíritu, la virilidad y el orgullo, la belleza y la libertad del corazón, es nada más que "mundo", el mal en sí. Toda palabra pronunciada por un "primer cristiano" es una mentira; toda acción que realiza es una falsedad por medio del instinto; todos sus valores y objetivos son perjudiciales, pero aquel a quien odia, aquellos que odia, tienen valor. El cristiano, particularmente el sacerdote, es un criterio de los valores. ¿Es necesario decir que existe, en todo el Nuevo Testamento, una única figura que merezca ser honrada? Se trata de Pilatos, el gobernador de los romanos. No se preocupa en tomar en serio un asunto de judíos. ¿Qué le importa un judío más o un judío menos? La burla aristocrática de un romano ante el cual se hace un abuso desvergonzado de la palabra "verdad" ha nutrido al Nuevo Testamento con las únicas palabras que tienen valor, que representan su crítica e incluso su final: "¡Qué es verdad!".

XLVII

Lo que nos diferencia no es el hecho de que ya no encontramos un Dios ni en la historia, ni en la Naturaleza, ni tampoco detrás de ella, sino que nosotros no experimentamos como divino lo que ha sido venerado como Dios; por el contrario, es para nosotros lamentable, absurdo y perjudicial; no se trata solamente de una equivocación, sino de un crimen contra la vida. Negamos a Dios en cuanto Dios. Si fuese posible que se nos demostrara a ese Dios de los cristianos, menos creeríamos en él.

Dicho en una fórmula: deus, qualem Paulus creavit, dei negatio23. Una religión como el cristianismo, que jamás entra en contacto con la realidad y se cae en cuanto la realidad aparece aunque sea en un solo punto, no puede otra cosa que ser la enemiga mortal de la "sabiduría de este mundo", es decir, de la ciencia; aprobará todos los medios por los cuales sea posible envenenar, difamar y desacreditar la disciplina del espíritu, la pureza y la rigurosidad en los aspectos de la conciencia del espíritu, la reserva y libertad aristocráticas del espíritu. La "fe" como imperativo es el veto a la ciencia en la práctica, el engaño a cualquier precio. Pablo comprendió la necesidad de mentir, lo necesario que había en "la fe"; a su tiempo, la Iglesia lo comprendió a Pablo. Ese "Dios" inventado por él, enemigo de la "sabiduría del mundo" (en un sentido riguroso, las dos grandes rivales de toda superstición: la filología y la medicina), es nada más que la firme convicción de Pablo en este sentido: darle el nombre de "Dios" a su propia voluntad, doctrina, es algo muy típico del judío. Pablo tiene la voluntad de corromper la "sabiduría de este mundo"; sus enemigos son los buenos filólogos y los médicos formados en Alejandría: es a ellos a quienes se enfrenta en combate. Sucede que no es posible ser filólogo y médico sin ser al mismo tiempo anticristiano. El filólogo necesita mirar detrás de las aberraciones filosóficas del cristiano. El médico sentencia: "incurable", el filólogo dice: "engaños".

---

23 Dios, tal como Pablo lo creó, es la negación de Dios.

XLVIII

¿Se ha comprendido realmente la célebre historia que da comienzo a la Biblia, la del pavor de Dios frente a la ciencia? No se ha comprendido. Este libro sacerdotal por excelencia empieza, como es esperable, por el gran problema al que se enfrenta en su interior el sacerdote: no conoce más que un grave peligro, por consiguiente, "Dios" conoce sólo un grave peligro.

El Dios antiguo, puro "espíritu", todo pontífice, toda perfección, se pasea por su jardín y descubre la realidad: se aburre. Ni siquiera los dioses pueden evitar luchar en vano contra el aburrimiento. ¿Qué hace entonces Dios? Inventa al hombre para entretenerse con él. Pero he aquí que también el hombre se aburre. Entonces Dios da muestras de su piedad por remediar la única desgracia que comparten todos los paraísos, y crea a los animales. Primer error de Dios: al hombre no le resultaron entretenidos los animales, los pudo dominar y ni siquiera quiso ser "animal". En consecuencia, Dios creó a la mujer. Finalmente logró que el aburrimiento desapareciera, ¡pero no fue lo único que desapareció! La mujer fue el segundo error de Dios: "La mujer es por su esencia como la serpiente, Eva", es algo que cualquier sacerdote conoce; "la mujer es la raíz de todos los males en el mundo", es otro conocimiento de sacerdote. "En consecuencia,, ella es también el origen de la ciencia". Fue por enseñanza de la mujer que el hombre supo comer del árbol del conocimiento. ¿Qué había sucedido? El antiguo Dios se sintió abatido: el hombre resultaba ser su mayor error; con él había creado un rival para sí mismo. El conocimiento hace al hombre semejante a Dios, ¡eso significaba el fin para los sacerdotes y los dioses! Moraleja: la ciencia es lo prohibido en sí, es lo único prohibido. Es el primer pecado, el germen de todo pecado, el pecado original. Eso es la moral. "No conocerás", y el resto parte de aquí. La angustia que Dios sintió no le impidió ser inteligente. ¿Cómo defenderse contra el conocimiento? Tal fue durante largo tiempo su problema capital. Respuesta: ¡hay que expulsar al hombre del paraíso! La felicidad y el ocio hacen al hombre pensar, y los pensamientos son malos. El hombre no debe pensar. Así es como el "sacerdote en sí" inventa la pobreza, la muerte, la amenaza del embarazo, toda clase de miseria, vejez y desgracias, principalmente la enfermedad. ¡Todos medios para combatir el conocimiento! Estas amenazas no le permiten al hombre pensar. Pero, aún así, ¡horror!, la torre del conocimiento crece, asaltando el cielo, amenazando los confines de los dioses. ¿Qué hacer? El viejo Dios inventa la guerra, desune a los pueblos y llama a los hombres a la mutua destrucción (los sacerdotes siempre consideraron que la guerra es necesaria). La guerra, entre otras cosas, una de las mayores causas de obstaculizar el avance de la ciencia, ¡increíble! Pero el conocimiento, la emancipación de los hombres del sacerdote, continúa creciendo a pesar de las guerras. Entonces, el viejo Dios pergeña su plan final: "el hombre se ha vuelto científico, ¡no queda más remedio que ahogarlo!".

XLIX

Se me ha comprendido. El comienzo de la Biblia es un resumen de la psicología completa del sacerdote. El sacerdote sólo sabe de un grave peligro: la ciencia, el saludable concepto de causa y efecto. Pero la ciencia sólo puede desarrollarse en óptimas condiciones, es necesario contar con tiempo y tener espíritu de sobra para "conocer". "En consecuencia, resulta imperioso hacer que el hombre se sienta desdichado"; esa fue la lógica que acompañó a los sacerdotes de todos los tiempos.

Es fácil adivinar qué fue lo primero que surgió como respuesta a esta lógica: el "pecado". Las ideas de culpa y castigo, el "orden moral del mundo", todo fue creado como una forma de combatir la ciencia, para luchar contra la libertad que los hombres se estaban ganando respecto del sacerdote. El hombre no debe mirar más allá, debe mirar dentro de sí mismo; no debe mirar el mundo con inteligencia y prudencia para aprender inteligente y prudentemente, aprendiendo adentro de las cosas; al cabo, no debe mirar, sino padecer. Y debe padecer tal que requiera constantemente del sacerdote. ¡Fuera los médicos! Lo que se necesita es un Salvador. La noción de culpa y castigo, incluyendo la doctrina de la "gracia", de la "redención" y del "perdón", completas mentiras que no poseen ninguna realidad psicológica, están inventadas para eliminar del hombre el sentido de las causas, ¡son un atentado contra el concepto de causa y efecto! ¡Y no se trata de un atentado realizado con violencia, a punta de cuchillo, con la franqueza del odio y el amor! ¡Sino uno perpetrado desde los instintos más bajos, arteros y cobardes! ¡Un atentado de sacerdotes! ¡Un atentado de parásitos! ¡Un vampirismo de pálidos y subterráneas sanguijuelas!

Si las consecuencias naturales de los actos dejan de ser "naturales" y, en cambio, se las considera el producto de fantasmas conceptuales propios de la superstición, por "Dios", por "espíritus", por "almas", como consecuencias exclusivamente "morales", como premio, castigo, amenaza, recurso pedagógico, quedan destruidas las bases del conocimiento, se comete el peor crimen en contra de la humanidad. El pecado, vale decirlo una vez más, esa vía de deshonra par excellence del hombre contra sí mismo, ha sido inventado para obstaculizar la ciencia, la cultura, toda elevación y aristocracia del hombre. El sacerdote domina gracias a la invención del pecado.

L

Quiero realizar en este lugar un análisis psicológico de la "fe", de los "creyentes", en beneficio, como es esperable, de los "creyentes" precisamente. Si todavía son muchos los que desconocen lo indecente que es ser un "creyente", o un síntoma de décadence, de quiebre en la voluntad de vivir, mañana ya serán menos. Mi voz es capaz de alcanzar incluso los oídos más duros. Aparentemente, si no he oído mal, hay entre los cristianos un criterio de verdad que llaman "la prueba de la fuerza": "La fe salva; por lo tanto es verdadera". Es válido contraponer a esta afirmación, en principio, que precisamente la capacidad que tiene la fe de salvar es lo que no está demostrado, sino solamente prometido. La bienaventuranza existe a condición de que exista la fe, es posible alcanzar la bienaventuranza gracias a la fe. Pero, que verdaderamente sucede lo que el sacerdote promete a los creyentes respecto al "más allá", imposible de ser comprobado, ¿cómo puede demostrarse? Así, la presunta "prueba de la fuerza" no es, a su vez, más que una fe en que volverá a producirse el mismo efecto que la fe promete. La fórmula es: "creo que la fe salva; luego es verdadera". El problema es que este "luego" significa erigir el absurdum mismo como criterio verdadero. De todas formas, supongamos, con cierta indulgencia, que está demostrado que el hombre puede salvarse por medio de su fe (y no que es sólo un deseo, una promesa realizada por la dudosa boca del sacerdote): ¿sería la bienaventuranza –en términos más específicos, el placer–, alguna vez, una prueba de la verdad? Claro que no, de hecho, hasta podríamos decir que es la prueba de lo contrario, y puede provocar mayor desconfianza en cuanto a la "verdad" cuando al preguntar "¿qué es verdadero?" tienen parte sentimientos de placer. La prueba del "placer" es nada más que una prueba de "placer"; ¿de dónde proviene la idea de que los juicios verdaderos causan más satisfacción que los falsos y, de acuerdo con una armonía preestablecida, acarrean necesariamente sentimientos gratos? La experiencia de todos los espíritus austeros y profundos enseña lo contrario. Fue necesario luchar para arrancar en duro forcejeo cada centímetro de verdad; ha debido ceder por él casi todo lo que resulta agradable para el corazón humano, nuestro amor y nuestra vida. Porque, ¿qué significa ser honrado en las cosas del espíritu? ¡Significa ser riguroso con el propio corazón, darle la espalda a los "sentimientos bellos", hacer un asunto de conciencia de cada sí y de cada no! La fe salva, por lo tanto miente.

LI

Que la fe "salva" en algunas circunstancias; que la "salvación" no convierte una idea fija en una idea verdadera; que la fe no mueve montañas, sino que las coloca donde no las hay: cuestiones que pueden aclararse con una rápida recorrida por cualquier manicomio. No, por cierto, para un sacerdote, ya que por instinto niega que la enfermedad sea una enfermedad y que el manicomio sea, efectivamente, un manicomio. El cristianismo necesita la enfermedad, de una manera muy similar con la que el helenismo necesita del derroche de la salud; provocar una enfermedad es el objetivo verdadero de todo el sistema terapéutico de la Iglesia. Y la Iglesia misma ¿no es acaso el manicomio católico como ideal último? ¿No busca hacer del planeta un manicomio? El hombre religioso, como lo quiere la Iglesia, es un típico décadent; en cualquier época en que una crisis religiosa domina a un pueblo, la característica esencial es una epidemia nerviosa; el "mundo interior" del hombre religioso se asemeja al "mundo interior" de los sobreexcitados y agotados hasta que se confunden con él; el "estado supremo" que el cristianismo erigió como valor supremo consiste en formas epileptoides, la Iglesia ha canonizado sólo a locos o a grandes embaucadores, in majorem dei honorem. En alguna oportunidad me he permitido calificar todo entrenamiento cristiano de penitencia y redención (que hoy día en se estudia muy fielmente en Inglaterra) de folio circulaire24 provocada con minuciosidad, como debe ser, en un terreno fértil, es decir, por completo enfermo. Nadie está en libertad de hacerse cristiano, no es posible "convertirse" a él: hay que estar gravemente enfermo para poder ser un cristiano. Nosotros, quienes tenemos valor para vivir sanos y también para despreciar, ¡cuántas oportunidades tenemos de despreciar una religión que ha enseñado a malinterpretar el cuerpo!, ¡que no quiere abandonar las supersticiones del alma!, ¡que toma por "mérito" la alimentación insuficiente!, ¡que considera a la salud una especie de enemigo, demonio y tentación!, ¡que considera posible la existencia de un "alma perfecta" en un cuerpo muerto, y que para lograr esa ilusión debió inventar nuevo concepto de la "perfección", un ser pálido, enfermo, estúpidamente exaltado, la llamada "santidad". ¡La santidad: no otra cosa que una serie de síntomas típicos en un cuerpo empobrecido, enervado, corrompido irremediablemente. El movimiento cristiano, en cuanto europeo, es desde su origen un movimiento conjunto de todo tipo de escoria y desecho (que quiere adueñarse del poder a través del cristianismo). No expresa la decadencia de una raza, es un conjunto de ejemplos de la décadence de procedencias distintas, que se encuentran y acumulan. El cristianismo no fue posible, como se cree, por la corrupción del mundo antiguo ni por la aristocrática antigüedad; nunca será suficiente el rigor con el que se condene la idiotez erudita que todavía mantiene esa manera de ver las cosas. Fue justamente cuando en la totalidad del imperio las enfermas y corrompidas

---

24 Locura circular. En francés en el original.

clases chandala se cristianizaron, cuando el tipo opuesto, el aristócrata, gozaba de su más hermosa y madura expresión. El mayor número se impuso; fue victorioso el democratismo de los instintos cristianos. El cristianismo no era "nacional", no debía depender de la raza, su mensaje estaba elaborado para todos los desheredados de la vida, encontraba aliados en cualquier parte. Las bases del cristianismo son el rencor de los enfermos, el instinto dirigido contra los sanos, contra la salud. Siente dolor en sus ojos y oídos ante aquello que es bien formado, lo orgulloso, lo arrogante y particularmente la belleza. No puedo dejar de recordar la inapreciable frase de Pablo: "Lo que es débil ante el mundo, lo que es necio, lo innoble y despreciado, ha sido elegido por Dios". Ésta era la fórmula y bajo su amparo la décadence encontró la victoria. Dios clavado en la cruz; ¿todavía no se comprende la terrible intención secundaria que se esconde detrás de este símbolo? Todo lo que sufre, todo lo que está clavado en la cruz, es divino. Todos nosotros estamos clavados en la cruz, por consiguiente, somos divinos. Únicamente nosotros somos divinos. El cristianismo triunfó, fue el culpable de la desaparición de un modo de pensar aristocrático. El cristianismo ha sido la mayor desgracia que cayó sobre la humanidad.

LII

El cristianismo es todo lo contrario a un estado de salubridad espiritual, sólo la razón enferma le sirve como razón cristiana; todo lo estúpido le resulta apreciable, maldice al "espíritu" y a la soberbia del espíritu sano. Ya que la enfermedad es un componente esencial del cristianismo, también ha de ser una forma de estar enfermo el estado típicamente cristiano, "la fe", todos los caminos rectos, honrados y científicos, fueron prohibidos por la Iglesia. Hasta la misma duda es un pecado. La falta completa de pureza en la psicología del sacerdote –basta ver sus ojos para notarlo– es una consecuencia de la décadence, se observa en las mujeres histéricas y, por otra parte, en los niños raquíticos, la regularidad con que la falsedad por instinto, la predisposición a la mentira por el mismo gusto de mentir, la incapacidad para mirar y avanzar con la frente alta, son todas expresiones de la décadence. "Fe" tiene un significado: no saber –ni querer– lo verdadero. El pietista, el sacerdote de ambos sexos, es falso porque está enfermo: su instinto exige que la verdad nunca pueda prevalecer. "Lo que enferma es bueno; lo que llega desde la plenitud, la abundancia y el poder, es malo"; así es como siente el cristiano. La falta de libertad para decir la verdad es el rasgo que caracteriza a cualquier teólogo predestinado. Otra característica que le es inherente es su incapacidad para la filología. Por filología debe entenderse, en un sentido amplio, el arte de leer bien, de leer los hechos sin falsearlos utilizando una distinta interpretación, sin perder, en medio de las ansias por comprender, la paciencia y la delicadeza. La filología como ephexis[25] en la interpretación, ya sea que se encuentra ante un libro o ante noticias periodísticas, ante destinos o ante fenómenos atmosféricos, para pasar por alto aquello de

---

25 Indiferencia. En griego en el original.

la "salvación del alma". La forma en que un teólogo, en Berlín o en Roma, interpreta la "palabra de la Escritura" o los hechos, por ejemplo, una victoria del ejército nacional, visto a la luz superior de los Salmos de David, es siempre .an osada que el filólogo no puede hacer otra cosa que treparse por las paredes. ¡Y qué pasará cuando los pietistas y otras bestias de Suabia26 arreglen su vida miserable y su existencia con el "dedo de Dios" y la transformen en un milagro de "gracia", de "providencia" y de "salvación". ¡El más mínimo derroche de espíritu, por no hablar de decencia, debería ser suficiente para que esos intérpretes de la trivialidad e indignidad se convenzan de un abuso tan grande a la divinidad! Con apenas un poco de piedad en el cuerpo, un Dios que se ocupa de sanarnos del resfrío o que nos empuja para subir al coche en el preciso momento en que está comenzando una tormenta, debería ser para nosotros un Dios tan absurdo que, aún si fuera posible su existencia, sería necesario hacerlo desaparecer.

Un Dios cartero, celador del calendario, no es más que una palabra para nombrar al más estúpido de los azares. La "divina Providencia", tal como hoy se la conoce y cree en ella un tercio de los pobladores de la "Alemania culta", sería una negación terminante contra Dios como es imposible imaginarse. ¡Y al fin y al cabo es una objeción contra los alemanes!

---

26 Suabia es una región alemana histórica repartida actualmente entre Baden-Wurtemberg y Baviera.

LIII

Que los mártires sean la prueba de la verdad de una casa es tan poco verdadero que incluso podría animarme a creer que no hubo ningún mártir que haya tenido que ver con la verdad. La forma en que un mártir le arroja en la cara su credo al mundo tiene un nivel tan bajo de honradez intelectual, un empobrecimiento tan profundo para el problema "verdad", que ni siquiera es necesario refutar a un mártir. La verdad no es algo que puedan tener algunas personas y otras no; esa es una forma de ver la verdad que podrían tener, como mucho, campesinos o apóstoles. Particularmente, campesinos al estilo de Lutero. No caben dudas de que la modestia en estos puntos incrementa siempre según el grado de escrupulosidad de conciencia en las cosas del espíritu. Es preciso conocer cinco cosas y rechazar de plano saber lo demás. La "verdad", tal como es entendida esa palabra por cualquier profeta, sectario, librepensador, socialista y hombre de Iglesia, es una prueba irrefutable de que no se ha alcanzado todavía un atisbo de esa disciplina del espíritu y auto-superación necesaria para encontrar una verdad, por minúscula que sea. De hecho, el martirio de esos cristianos representó una gran desgracia para la historia, porque seducían. La conclusión de todos los idiotas, las mujeres y el pueblo, que una causa que lleve al hombre a entregarse a sacrificar su vida (o, incluso, provoca epidemias de deseos de morir, como en el cristianismo primitivo) debe revestir una importancia real, se ha convertido en un obstáculo para la crítica, para el espíritu de la crítica y de cautela. Los mártires han perjudicado a la verdad. Aún hoy es precisa una cierta crudeza en la persecución para obtener un nombre honorable a un sectarismo en sí muy indiferente. ¿Cómo? ¿Cambia de alguna manera el valor de una causa el hecho de que alguien esté dispuesto a dar su vida por ella? Un error que adquiere honorabilidad se vuelve atractivo, pleno de seducción. ¿Creen ustedes, señores teólogos, que les daríamos ocasión de hacerse mártires a partir de sus mentiras? Se niega una causa aplazándola indefinidamente con toda atención, y así se refuta también a los teólogos. La estupidez histórica y universal de todos los perseguidores ha sido precisamente haber dado esa apariencia de honorabilidad a la causa adversaria, en que fue entregada en bandeja la fascinación del martirio.

Aún en nuestros días la mujer continúa arrodillada ante un error porque le fue enseñado que alguien murió por ella en la cruz. ¿Es la cruz un argumento? Acerca de todas estas cosas hubo uno que dijo todo lo que era necesario decir, desde hace miles de años: Zaratustra.

"Trazaban signos de sangre en su camino y su insensatez enseñaba que por la sangre se demostraba la verdad. Pero la sangre es el peor testigo de la verdad; la sangre envenena a cualquier doctrina, por pura que sea, transformándola en obcecación y en odio de los corazones. Y si existe quien camine a través del fuego por su doctrina, ¡qué probaría algo así! Mucho más es, en verdad, que de sus propias llamas salga su propia doctrina"27.

---

27 Este fragmento pertenece al libro *Así habló Zaratustra*, de Friedrich

LIV

A no equivocarse: los espíritus grandes son escépticos. La fuerza, la libertad nacida de la fuerza y la abundancia de fuerza del espíritu, se prueban gracias al escepticismo. Quienes poseen convicciones no cuentan para las cuestiones fundamentales de valor. Las convicciones son cárceles. Quienes tienen convicciones no pueden ver más allá de sus narices; pero para hablar de valor y no valor es necesario ver las quinientas convicciones que existen más allá, ver detrás de uno mismo.

Un espíritu que persiga grandes objetivos, que también se encuentre en la búsqueda de los medios para alcanzarlos, es por fuerza escéptico. Ser libre de cualquier convicción, ser capaz de mirar con libertad, es un componente de la fuerza. La gran pasión, sustento y poder del propio ser, más esclarecida, más despótica incluso que el intelecto, acapara a éste en su totalidad; le quita los escrúpulos y le infunde valor para utilizar incluso a medios impuros; en determinadas ocasiones, le permite tener convicciones. La convicción como medio: es mucho lo que puede lograrse únicamente por obra de una convicción. La gran pasión utiliza y consume convicciones, no se deja someter por ellas, sino que es independiente. En cambio, la necesidad de fe, de una sentencia absoluta acerca del sí y del no, el carlylismo[28], con perdón de la palabra, es una necesidad típica de los "débiles". El hombre de fe, el "creyente" de cualquier tipo, es necesa-

---

28 Se refiere a Thomas Carlyle (1795-1881), ensayista e historiados inglés.

riamente una persona que depende, incapaz de entenderse a sí misma como finalidad sin señalar finalidades a partir de sí misma. El "creyente" es incapaz de ser por sí mismo, solamente es capaz de ser un medio, necesita ser consumido por alguien. Su instinto le otorga un rol preponderante a la moral de la escisión de sí mismo; todo lo lleva a esta moral: su inteligencia, su experiencia, su vanidad. Toda fe es en sí misma una expresión de escisión de sí mismo, de desconocimiento de uno mismo.

Si se considera que la importancia que tiene para la mayor parte de las personas contar con normas que desde fuera los ate y sujete, como la coacción y en un sentido más alto la esclavitud, es la condición única y última bajo la cual se desarrolla con plenitud el individuo de voluntad débil, principalmente la mujer. Del mismo modo puede entenderse la convicción, la "fe". El hombre de convicciones encuentra en ella su base. Ser incapaz de ver muchas cosas, no ser imparcial en ninguna ocasión, ser completamente un partido, tener una visión limitada y necesaria en cuanto a los valores, eso es lo que determina la existencia de un tipo de hombre así. Esto representa todo lo contrario al hombre de la verdad. El "creyente" no puede tener conciencia propia acerca de lo que es "verdadero", ni de lo "no verdadero"; ser honrado en estos aspectos significaría su ruina. Esta óptima condicionada patológicamente vuelve al convencido un fanático –Savonarola, Lutero, Rousseau, Robespierre, Saint-Simon–, el tipo antagónico que ha alcanzado su fortaleza y libertad. Pero los grandes gestos de estos espíritus enfermos, de estos epilépticos del concepto, seducen a las masas; los fanáticos son pintorescos, y la humanidad prefiere los gestos a las razones.

LV

Avancemos un poco más en la psicología de la convicción, la "fe". Hace tiempo me pregunté si las convicciones no son peores enemigas de la verdad que las mentiras (Humano, demasiado humano I, aforismos 54 y 483). Ahora quisiera formular una pregunta determinante: ¿se puede hablar, en verdad, de un contraste entre la mentira y la convicción? Todo el mundo considera que sí, pero ¡qué no cree todo el mundo! Cada una de las convicciones tiene su historia, sus formas preliminares, sus intentos y equivocaciones; llega a ser una convicción tras no haberlo sido y después de apenas serlo durante más tiempo aún. ¿Cómo?, ¿no constituye una posibilidad que, entre estas formas embrionarias de la convicción, aparezca también la mentira? En ocasiones sólo es necesario un cambio de persona: en el hijo se vuelve convicción lo que en el padre era todavía una mentira. Considero que hay una mentira cuando existe un deseo de no ver lo que se ve, negarse a ver algo tal cual es; no importa si la mentira se produce ante testigos o sin ellos. La más común de todas las mentiras es la que se produce cuando uno se miente a sí mismo; de hecho, mentirle a los demás puede ser considerada una excepción. Entonces, este empeño en no querer ver lo que se ve, esta negación a ver tal cual se ve, es la primera condición que deben cumplir todos los que toman partido, en cualquier sentido; el hombre partidario es por necesidad un mentiroso. Los historiadores alemanes, por ejemplo, se encuentran por completo convencidos de que Roma constituía el despotismo y que los germanos fueron quienes le dieron al mundo el espíritu de la

libertad. ¿Qué diferencia a esta convicción de una mentira?
¿Es factible continuar mirando con asombro que todos los
que toman partido, también los historiadores alemanes, se
llenan la boca por instinto de las grandilocuentes palabras
de la moral, y que casi pueda decirse que la moral subsiste
porque este tipo de hombre la necesita en todo momento?
"Esta es nuestra convicción: la vociferamos abiertamente,
vivimos y perecemos por su causa; ¡respeto para quienes tienen convicciones!". Similares palabras se escuchan de boca
de los antisemitas. ¡Todo lo contrario, señores! Un antisemita
no se convierte en una persona más decente porque mienta
por principio. Los sacerdotes, más sutiles y conocedores de
las objeciones que se le pueden contraponer al concepto de
convicción, es decir, de una costumbre de mentir que es de
principio porque sirve a una finalidad, han heredado de los
judíos la astuta capacidad de incluir en este lugar el concepto
"Dios", "voluntad de Dios", "revelación divina". Lo mismo
hizo Kant, con su imperativo categórico: su razón se volvió
práctica. Hay cuestiones en donde el hombre tiene vedado
decidir sobre verdad y falsedad; todas las cuestiones supremas, todos los problemas supremos del valor se encuentran
más allá de la razón humana. Comprender los límites de la
razón; he ahí la verdadera filosofía. ¿Para qué dio Dios al
hombre la revelación? ¿Había hecho Dios algo superfluo? El
hombre no puede saber por sí mismo qué es bueno y qué es
malo; por esa razón Dios mostró su voluntad. Moraleja: el
sacerdote no miente, no existe en las cosas de que hablan
los sacerdotes la cuestión de lo "verdadero" y lo "falso"; estas
cosas no permiten mentir. Pues la mentira requiere de la ha-
bilidad para discernir lo verdadero de lo falso; sin embargo,

el hombre no posee esta facultad, de este razonamiento se desprende que el sacerdote es nada más que un instrumento a través del cual se expresa Dios. Dicho silogismo sacerdotal no es de ninguna manera específicamente judío o cristiano; el derecho a mentir y la farsa de la "revelación" son propios de todos los sacerdotes, tanto los de la décadence como los del paganismo (son paganos todos los que dicen sí a la vida, para los cuales "Dios" es la afirmación de todas las cosas). La "ley", la "voluntad de Dios", las "sagradas escrituras", la "inspiración", palabras que se refieren, en todos los casos, a las condiciones en las cuales el sacerdote accede al poder, con las cuales mantiene su poder; esos conceptos son la base de todas las estructuras eclesiásticas o filosófico-sacerdotales. La "mentira sagrada" que es común a Confucio, el Código de Manú, Mahoma y la Iglesia cristiana, tampoco está ausente en Platón. "La verdad existe", esto es, donde sea que se quiera escuchar, que el sacerdote miente.

LVI

Al fin y al cabo, lo importante es con qué finalidad se miente. Que en el cristianismo falten fines "santos" es mi negación contra los medios que utiliza. Sólo posee fines malos: envenenamiento, calumnia, negación de la vida, desprecio por el cuerpo, degradación, deshonra del hombre mediante el concepto de pecado; por lo tanto, también sus medios son malos. Un sentimiento por completo diferente experimento cuando leo el Código de Manú, una obra tan incomparablemente espiritual y superior, que sería un verdadero pecado en contra del espíritu el mero hecho de mencionarla al mismo tiempo que la Biblia. Es fácil adivinar que conlleva una verdadera filosofía tras sí, en sí, no sólo una judaína maloliente conformada por rabinismo y superstición; ni el más refinado psicólogo puede sentirse vacío ante ella. No debe olvidarse lo principal, la diferencia básica frente a todo género de Biblia: las clases aristocráticas, los filósofos y los guerreros son quienes ejercen el control de las masas; valores aristocráticos, un ideal de perfección, la afirmación de la vida, todo el libro es un triunfo respecto de sí mismo y de la vida. El sol ilumina cada una de las páginas de este libro. Todas las cosas en las cuales el cristianismo hace gala de su ordinariez, como la procreación, la mujer y el matrimonio, son tratadas en este libro con respeto, amor, confianza y seriedad. ¿Cómo puede dejarse que caiga en manos de niños y mujeres un libro que contiene una frase tan infame: "Para evitar la fornicación es menester que cada uno tenga su mujer y cada una tenga su marido, más vale casarse que arderse"? ¿Es acaso lícito ser cristiano mientras la génesis del hombre esté cristianizada, es decir, envenenada con el concepto de la inmaculada conceptio? No tengo noticias de ningún libro donde sean dichas cosas más delicadas y amables a la mujer como en el Código de Manú; esos ancianos y santos antiguos tienen una manera de ser gentiles con la mujer que no se ha superado jamás. "La boca de una mujer –dice en una de sus páginas– el pecho de una doncella, la plegaria del niño y el humo del sacrificio son de una pureza eterna". En otro pasaje: "Nada hay más puro que la luz del sol, la sombra de una vaca, el aire, el agua, el fuego y el aliento de la doncella". Por último –quizás también una mentira sagrada—: "Todos los orificios del cuerpo del ombligo para arriba son puros, todos los del ombligo para abajo son impuros. Sólo en la doncella es puro el cuerpo entero".

LVII

Se descubre in fraganti la falta de santidad de los medios cristianos cuando se comparan los objetivos del cristianismo con los del Código de Manú29, arrojando una brillante luz sobre tamaña antítesis de finalidades. El crítico del cristianismo no puede evitar denigrar al cristianismo. Un código como el de Manú nace como todo buen código: resume la experiencia, sabiduría y moral recogidos a lo largo de milenios; se trata de una conclusión, nunca de una creación de algo nuevo. La premisa de una codificación de este tipo es la comprensión de que los medios por los que una verdad puede llegar a ser legitimada, aunque de forma lenta y costosa, son diametralmente opuestos de aquellos con los cuales esa verdad puede demostrarse. Ningún código trata sobre la utilidad, las razones, la casuística con respecto a los antecedentes de una ley. Si así fuera perdería su tono imperativo, el "deber", el presupuesto para que sea obedecido. Es allí donde reside el problema. En cierto momento de la evolución de un

---

29 El Código de Manú (Manu Smriti o Mānavá śāstra dharma y Manu Samhitā) es un texto de leyes de la antigua sociedad India, que presenta reglas de conducta que debían ser aplicados por los individuos y la sociedad.

pueblo, su clase más iluminada, es decir, la que es capaz de mirar hacia el pasado y hacia el futuro, sentencia el final de la experiencia según la cual debe –vale decir, puede– vivirse. Su objetivo es cosechar de la manera más completa e íntegra que sea posible la experiencia buena y mala. A partir de entonces se impedirá por todos los medios que continúe la experimentación, ese estado fluctuante de los valores, de la investigación, la elección y la crítica hasta el infinito. Es necesario levantar un muro doble: por un lado, la revelación, es decir, la seguridad de que la razón que habita en esas leyes no tiene su origen en lo humano, no es producto de una búsqueda paulatina a fuerza de pruebas y errores, sino que, por su origen divino, es un regalo, un milagro sin historia, comunicado de manera completa y perfecta. Por el otro lado, la tradición, la afirmación de que la ley ha existido desde tiempos inmemoriales y que atreverse a su juzgamiento es algo impío, un ataque mortal en contra de los antepasados. La autoridad de la ley se fundamenta en la siguiente tesis: fue Dios quien la instituyó, mientras que fueron los antepasados quienes la vivieron. La razón superior de su establecimiento reside en el propósito de lograr un alejamiento de la conciencia de la vida que gradualmente fue reconocida como la adecuada (esto significa que fue probada por una experiencia grande y rigurosamente tamizada experiencia) con la finalidad de lograr un automatismo absoluto de los instintos, esa premisa de toda maestría, de todo lo sublime en el arte de vivir. Establecer un código como el de Manú significa darle a un pueblo la oportunidad de alcanzar la maestría, de lograr la perfección, de aspirar a las altas cumbres en el arte de vivir. Pero esto debe ocurrir de manera inconsciente; ese es el propósito de toda mentira santa. La ordenación de castas, la ley suprema, dominante, no es otra cosa que la sanción de una ordenación natural, de una legalidad natural de primer orden sobre la cual no tienen poder ningún capricho ni "idea moderna". En toda sociedad sana pueden reconocerse tres tipos de distinta gravitación fisiológica, condicionados entre sí; cada uno de ellos posee una higiene particular, un terreno de trabajo particular y un igualmente particular sentimiento de perfección y de maestría. La Naturaleza, no Manú, hace la distinción de quienes son predominantemente fuertes de espíritu, de quienes poseen la fuerza de sus músculos, y de quienes no se destacan en ninguna de las dos, los mediocres, la gran mayoría. La casta superior –que denomina los menos– encuentra en su perfección los privilegios de toda minoría: son la representación terrenal de la belleza, la felicidad y la bondad. Sólo a los hombres más espirituales les está permitida la belleza, lo bello; sólo en ellos la bondad no se entiende como una debilidad. Pulchrum est paucorum hominum30: lo bueno es un privilegio. Por el contrario, no se puede permitir que sean ellos quienes presenten malos modales, así como una mirada pesimista; tampoco una visión que afee, ni tampoco una actitud de indignación ante el aspecto total de las cosas. La indignación es una facultad de los chandalas, del mismo modo que lo es el pesimismo. El instinto de los más espirituales, el que siempre dice sí, recita: "El mundo es perfecto; y la imperfección, lo que está debajo de nosotros en cualquier sentido, la distancia, el pathos de la distancia, el

---

30 Lo bello es cosa de pocos hombres.

propio chandala, son también parte de esa perfección". Los hombres más espirituales, al ser los más fuertes, encuentran felicidad en donde otros hallarían desdicha: en el laberinto, en el rigor con sí mismos y con los demás, en la búsqueda; el disfrute está en vencerse a sí mismos: para ellos, el ascetismo se torna en segunda naturaleza, necesidad íntimamente sentida a instinto. Todo aquello que les resulta difícil es tomado como un privilegio y consideran un entretenimiento jugar con cargas que a otros los haría flaquear. Conocer es también una forma de ascetismo. Este tipo de hombres es el que merece toda la admiración, sin por eso dejar de ser alegres y cordiales. No son quienes dominan porque se hayan impuesto esa tarea, sino porque no tienen posibilidad de ser otra cosa. Los segundos son los guardianes de la ley, los que mantinen el orden y la seguridad, los guerreros de la aristocracia, cuyo máximo exponente es el propio rey: guerrero, juez y celador del derecho. Los segundos son la herramienta ejecutiva de los más espirituales, lo más cercanos a ellos, quienes los alivian de las tareas más arduas en el proceso de la dominación; son su escolta, su mano derecha, sus más fieles discípulos. En todo esto, lo afirmo una vez más, no hay nada de capricho ni construcción; lo diferente es construido, va en contra de la naturaleza. El régimen de castas, la jerarquía, no hace otra cosa que formular la ley suprema de la vida; una división de estos tres tipos es primordial para el desarrollo de la sociedad, para dar paso a tipos superiores y supremos; la desigualdad de derechos es la primera condición para que existan los derechos. Un derecho es un privilegio. Cada persona tiene en su especie su privilegio. Una vida que se esfuerza en alcanzar las alturas se volverá cada vez más difícil: aumentarán el frío y las responsabilidades. Una cultura elevada tiene la forma de una pirámide: requiere de una base ancha para asentarse; su principal requisito es una mediocridad sana y fuertemente consolidada. El artesanado, el comercio, la agricultura, la ciencia, la mayor parte del arte, todo lo que pueda designarse como actividad profesional necesita para existir de una mediocridad en poder y en deseos; todo esto estaría desplazado entre lo excepcional; el instinto inherente entraría en contradicción tanto con la aristocracia como con el anarquismo. Para ostentar una utilidad pública y ser parte del engranaje, para cumplir con una función, existe un destino natural; no se trata de la sociedad, lo que vuelve a la mayoría máquinas inteligentes es su capacidad para alcanzar el género de felicidad. Para el mediocre resulta una felicidad su mediocridad; la maestría en algo, la especialidad, es un instinto natural. Considerar la mediocridad como una objeción en sí misma es algo indigno en la valoración que pueda hacer un espíritu profundo. De hecho, es éste el primer requisito para que exista lo excepcional: una cultura elevada está condicionada por él. Si el hombre de excepción le brinda a los mediocres un trato más delicado que a sí mismo y a sus congéneres, lo hace porque se trata de su deber. ¿A quién considero más odioso entre la chusma de nuestros días? La chusma socialista, los apóstoles de los chandalas que debilitan con su mezquindad el instinto del trabajador, la satisfacción, la sensación de conformidad del trabajador que lo vuelve envidioso, que le enseña la venganza. La injusticia jamás aparece en la desigualdad de derechos, sino en tener ambición de "igualdad" de derechos. ¿Qué es lo malo? Ya lo he explicado: todo lo que surge de la debilidad, de la envidia y de la venganza. Tanto el anarquista como el cristiano comparten un mismo origen.

LVIII

Hay una gran diferencia de acuerdo con el propósito con el que se miente: como un modo de conservar o como una forma de destruir. Estableciendo una analogía entre el cristiano y el anarquista puede descubrirse que, en ambos casos, el instinto está dirigido únicamente en pos de la destrucción. Para corroborar esta tesis basta con leer historia, en donde la prueba surge con claridad. Si existía una legislación religiosa cuya finalidad máxima era "eternizar" la premisa capital de la vida próspera, una gran organización de la sociedad, el cristianismo ha encontrado su misión en destruir dicha organización, porque en ella prosperaba la vida. Allí, el resultado de una larga experiencia e incertidumbre debía ser aplicado a un lejano provecho y se debía recoger una abundante cosecha, tan rica y completa como fuese posible; aquí, en cambio, esa cosecha fue envenenada en un abrir y cerrar de ojos. El imperio romano, que se encontraba erguido aere perennius[31], la más grandiosa forma de organización que existió hasta nuestros días, en comparación con la cual todo lo anterior y todo lo posterior es una obra incompleta, chapucería y diletantismo, fue el blanco de esos anarquistas

---

31 Más perenne que el bronce.

que llevaron a cabo su "acto piadoso" de la destrucción del mundo, es decir, del imperium romanum, hasta no dejar una sola piedra en pie, hasta que los germanos y otros vulgares pudieron adueñarse de él. El cristiano y el anarquista, dos tipos de décadents incapaces de hacer otra cosa que disolver, envenenar, contra toda grandeza, contra todo lo perdurable, contra todo lo que tiene un porvenir. El cristianismo fue el vampiro del Imperio Romano, aniquiló de la noche a la mañana el gran logro romano: conquistar el sitio para una gran cultura que tiene tiempo. ¿Se entiende lo estoy diciendo? El imperium romanum que conocemos, que la historia de las provincias romanas nos enseña a comprender cada vez con mayor profundidad, esta obra de arte de gran estilo era un comienzo, su construcción debía probarse a través de los siglos, ¡nunca más se erigió ni se soñó jamás algo así sub specie aeterni32! Esta organización era lo suficientemente sólida para no sucumbir ante los malos emperadores; lo azaroso del destino de los hombres no debe interferir con cosas semejantes: ese es el principio capital de toda gran arquitectura. Pero no era lo suficientemente sólida para hacer frente a la forma más corrompida de la corrupción: los cristianos. Estos gusanos cobardes que han salido en la noche para succionarle a las personas su seriedad para las cosas verdaderas, el instinto para las realidades; esa pandilla de afeminados y dulzones han enajenado lentamente a las "almas" a aquella construcción enorme, aquellas naturalezas valiosas, colmadas de valor aristocrático que sentían en la causa romana su

---

32 Para la eternidad.

propia causa, su propia seriedad y orgullo. Todos esos manejos de mojigatos, la clandestinidad del convento, los oscuros conceptos como el infierno, como el sacrificio del inocente, como unio mystica33 en el acto de beber la sangre y, principalmente, el fuego azuzado de la venganza chandala, todo esto fue lo que destruyó Roma, el mismo tipo de religión que ya había combatido Epicuro en su forma preexistente. Basta leer a Lucrecio para comprender cuál fue el combate que libró Epicuro: no contra el paganismo, sino contra el "cristianismo", la corrupción de las almas por medio de conceptos como la culpa, el castigo y la inmortalidad. Combatió los cultos subterráneos, todo el cristianismo latente, hacer una negación de la inmortalidad era ya en ese entonces una verdadera redención. Y Epicuro había resultado victorioso: todo espíritu respetable del Imperio Romano era epicúreo. Pero entonces apareció Pablo. Pablo, la personificación del odio del chandala a Roma, al "mundo"; el judío, el judío eterno por excelencia. Pablo encontró de qué manera se podía provocar, gracias a la colaboración del pequeño movimiento sectario de los cristianos y al margen del judaísmo, un "incendio universal"; cómo con el símbolo "Dios en la cruz" era posible incluir en un poder tan grande todo lo que estaba por debajo, todo lo escondido en su rebeldía, la herencia de las maniobras anarquistas del imperio. "La salvación proviene de los judíos". El cristianismo como fórmula para superar a los cultos subterráneos de cualquier tipo, como los de Osiris, la Gran Madre y de Mitra, así como para absorberlos:

---

33 Unión mística.

eso es lo que Pablo entendió y en ello radica su genio. Tuvo un instinto tan seguro que le bastó con violentar la verdad para poner en labios del "salvador" las ideas que fascinaban de esas religiones para chandalas, haciendo de él algo que incluso podía comprender un sacerdote de Mitra. Fue ése su momento de Damasco: entendió que tenía la necesidad de creer en la inmoralidad para quitarle valor al "mundo", para que el concepto de "infierno" se hiciera dueño de Roma, que con el "más allá" era posible matar la vida. El nihilista y el cristiano, palabras que riman34 y no sólo eso...

LIX

Todo el esfuerzo y el trabajo del mundo antiguo quedó por completo en la nada: no encuentro palabras que logren expresar mis sentimientos acerca de algo tan abominable. Y teniendo en cuenta que esta labor había sido realizada previamente, que lo que se había establecido con granítico orgullo eran los cimientos para una labor de milenios, ¡de nada sirvió todo el sentido del mundo antiguo! ¿Para qué sirvieron los griegos?, ¿para qué sirvieron los romanos? Todo aquello que emanaba de una cultura erudita, todos sus métodos científicos ya estaban allí, existía ya el arte sublime e incomparable de leer bien, ese presupuesto de la tradición de la cultura, de

---

34 En alemán, "nihilista" (nihilist) y "cristiano" (christ) son palabras que riman.

la unidad de la ciencia; las ciencias naturales, en alianza con las matemáticas y la mecánica, se encontraban en el camino correcto, ¡el sentido de la realidad fáctica, el último y más valioso de todos los sentidos tenía sus escuelas y ostentaba siglos de tradición! ¿Se comprende esto? Se había encontrado todo lo esencial para comenzar la labor; los métodos, es preciso repetirlo, son lo esencial, también lo más arduo, también lo más complejo, además de ser lo que tiene en su contra con mayor ahínco las costumbres y las perezas. Lo que pudimos volver a conquistar con una penosa victoria sobre nosotros mismos (pues todos, de una manera u otra, llevamos en la sangre los malos instintos, los instintos cristianos), la mirada franca ante la realidad, la mano cautelosa, la paciencia y la honradez del conocimiento, ¡todo ya estaba allí! ¡y hace más de dos mil años! ¡Y hay que añadir el tacto y buen gusto! ¡No como adiestramiento cerebral! ¡No como cultura "alemana" con modales vulgares! Sino como cuerpo, gesto, instinto y realidad. ¡Todo en vano! ¡De la noche al día, nada más que un recuerdo! ¡Los griegos! ¡Los romanos! La aristocracia del instinto, del gusto, la investigación metódica, el genio de la organización y la administración, la fe en el porvenir humano y la voluntad del porvenir del hombre, la gran afirmación a todas las cosas, todo lo que era notorio en el Imperio Romano y visible a todos los sentidos, el gran estilo ya no como mero arte, sino tornado en realidad, en verdad, en vida. ¡Todo barrido de golpe y no por causa de ningún cataclismo! ¡Aplastado, no por germanos y otros igualmente torpes! ¡Sino deshonrado por vampiros astutos, ocultos, anémicos! ¡No vencido, solamente desangrado! El deseo secreto de venganza, la más mezquina envidia, convertidas en señor! ¡Todo lo despreciable, lo que padece de sí mismo, aquejado de malos sentimientos, todo el ghetto del alma, de repente en posesión del dominio! Es suficiente con leer a cualquiera de los agitadores cristianos, como San Agustín, para comprender, oler, cuán sucia es esta pandilla que logró llegar al poder. Sería un error grave suponer que los líderes del movimiento cristiano no tienen suficientes conocimientos. ¡Oh, esos padres de la Iglesia son muy inteligentes, tanto que alcanzan la santidad! Lo que les falta es otra cosa. La Naturaleza no ha sido benevolente con ellos, olvidó entregarles una cantidad modesta de instintos respetables, decentes, limpios. Entre nosotros, ni siquiera son hombres. Cuando el Islam desprecia al cristiano, está en su completo derecho de hacerlo: el Islam se basa en hombres.

LX

El cristianismo dejó marchitar el fruto de las culturas antiguas, y luego hizo lo mismo con la riqueza de la cultura islámica. La cultura de los árabes en España, más cercana a nosotros que Roma y Grecia en sentido y en gusto, fue aplastada (no digo por los pies de quién). ¿Por qué? ¡Porque su origen se encontraba en instintos aristocráticos y viriles; porque afirmaba la vida aún con las razas y refinamientos de la vida árabe! Más luego, los cruzados combatieron contra algo que debieron haber honrado: contra una cultura ante la cual nuestro siglo XIX se reconoce pobre y "tardío". Lo que querían era el botín: Oriente era fuente de riquezas. ¡Tengamos la sinceridad de admitir que las cruzadas fueron pura piratería y nada más! La nobleza alemana, la nobleza vikinga, en definitiva, estaba entonces en su elemento. La Iglesia conocía perfectamente cuál era el camino para poseer a la nobleza alemana... Los nobles alemanes siempre se comportaron como los "suizos" de la Iglesia y han estado al servicio de todos sus malos instintos, pero bien pagados. ¡Fue con la ayuda de espadas, sangre y valentía alemanes, que la Iglesia ha librado su guerra sin cuartel contra las aristocracias de la Tierra! Aparece aquí un punto que plantea una buena cantidad de dolorosos interrogantes. La nobleza alemana se encuentra casi ausente en la historia de la cultura superior. La razón es fácil de adivinar: el cristianismo y el alcohol, los dos grandes vehículos de la corrupción. En realidad, no debería haber ninguna elección en la consideración acerca del Islam y del cristianismo, ni mucho menos entre un árabe y un judío. La decisión está impuesta, nadie tiene la libertad de elegir sobre esto. O se es un chandala o no se lo es. "¡Guerra sin cuartel a Roma! ¡Paz, amistad con el islamismo!". Así pensó y actuó en consecuencia el espíritu libre de Federico II, genio entre los emperadores alemanes. ¿Cómo? ¿Un alemán debe ser genio y libre de espíritu y pensamiento para sentir de una manera decente? Me cuesta comprender cómo un alemán ha podido sentir cristianamente.

LXI

Llegado a este punto, es necesario detenerse en un recuerdo cien veces más penoso para los alemanes. Lo alemanes fueron responsables de dejar a Europa sin la última gran cosecha cultural que pudo existir: el Renacimiento. ¿Se comprende de una vez, se quiere entender qué fue el Renacimiento? Significó la transvaloración de los valores cristianos, el intento, por todos los medios y los instintos, con todo el genio, de alcanzar el triunfo de los antivalores, la victoria de los valores aristocráticos. Esa fue la gran guerra que ha habido hasta ahora; no hubo un planteo más decisivo que el del Renacimiento, y mi problema es el de él. ¡Tampoco existió nunca un ataque más radical, directo y riguroso lanzado contra todo el frente! Atacar en el lugar decisivo, en la sede misma del cristianismo, para subir al trono los valores aristocráticos, es decir, inocularlos en los instintos, en las necesidades y lo más íntimos deseos de quienes allí estaban. Vislumbro una posibilidad de magia y colorido que no son de este mundo; me parece verla brillar con estremecimientos de delicada belleza que opera en ella un arte tan divino, tan diabólicamente divino, que será en vano recorrer los milenios para encontrar otra posibilidad similar. El espectáculo es tan rico en sentido y al mismo tiempo tan paradójico, que todas las divinidades del Olimpo hubieran tenido un motivo para dejar escapar en una inmortal carcajada: César Borgia papa. ¿Se me comprende? Éste hubiera sido el triunfo que yo ansío para nuestro tiempo: ¡De esta forma el cristianismo hubiera desaparecido! ¿Qué ocurrió? Un monje alemán de nombre

Lutero viajó a Roma. Este monje, presa de los instintos de venganza de todo sacerdote fracasado del sacerdote fallido, se sublevó en Roma contra el Renacimiento. En lugar de comprender, colmado de agradecimiento, el acontecimiento espectacular que había sucedido, la superación del cristianismo en su propia sede, sólo pudo su odio dejarlo comprender de qué manera obtener su beneficio. Lutero descorrió el velo de la corrupción del papado, cuando en realidad era muy evidente todo lo contrario: ¡la antigua corrupción, el pecado original, el cristianismo, ya no ocupaban el asiento papal! ¡Era la vida!, ¡era el triunfo de la vida!, ¡era una gigante afirmación a todas las cosas sublimes, bellas y audaces! Y Lutero restauró una vez más la Iglesia, por medio de sus ataques. ¡El Renacimiento, acontecimiento inútil, un gran para-nada! ¡Cuánto 'nos han costado esos alemanes! Para-nada; ésa es la gran obra de los alemanes: la reforma, Leibnitz, Kant y la llamada filosofía alemana, las guerras de "liberación", el imperio... cada vez un para-nada para algo que ya existía, para algo irrecuperable... Debo confesar que los alemanes son mis enemigos; les desprecio su suciedad de conceptos y de valores, la cobardía que presentan ante cualquier sí y no honrado. Llevan casi mil años enredando y enmarañando todo lo que tocaron sus manos; sobre su conciencia pesan todas las cosas a medio hacer (¡a menos que eso!) que enferman a Europa. Sobre sus conciencias pesa también el más sucio género de cristianismo, el más incurable, el más irrefutable, el protestantismo. Si no es posible terminar con el cristianismo, los alemanes serán los culpables.

LXII

He llegado al final y es el momento de dar mi veredicto. Condeno al cristianismo; contra la Iglesia cristiana presento la acusación más terrible que un acusador jamás pronunció. Representa para mí como la corrupción más grande que pueda imaginarse; su voluntad no ha sido otra que alcanzar la máxima corrupción posible. La Iglesia cristiana lo contaminó todo con su corrupción; de todo valor ha hecho un no-valor; de cada verdad, una mentira; toda honradez se transformó en una bajeza para el alma. ¡Como para hablar de sus bendiciones "humanitarias"! Ser la salvación para cualquier desdicha iba en contra de su fin último: vivía de ellas, creaba las desdichas para perpetuarse. El gusano del pecado, por caso, ¡con esa desdicha la Iglesia ha enriquecido a la humanidad! La "igualdad de las almas ante Dios", esa mentira, ese pretexto para el rencor de todos los hombres que poseen sentimientos viles, ese explosivo de ideas que finalmente se ha convertido en revolución, en idea moderna y principio de decadencia de todo el orden social, es dinamita cristiana. ¡Bendiciones "humanitarias" del cristianismo! ¡Quitar de la humanitas una contradicción, un arte de perder la honra, una necesidad de mentira a cualquier precio, una repugnancia, un desprecio hacia todos los instintos buenos y decentes! ¡Esos serîan beneficios del cristianismo! El parasitismo, la única práctica exclusiva de la Iglesia; con su ideal de anemia, de "santidad", hacerse con toda la sangre, con todo amor, con toda esperanza en la vida; el más allá como voluntad de negación de toda realidad; la cruz como signo de la conspiración más subterránea que jamás existió en contra de la salud, la belleza, la plenitud, la valentía, el espíritu y la bondad del alma; contra la vida.

Esta acusación eterna contra el cristianismo quiero dejarla escrita en todas las paredes donde sólo ellas existan, con letras que incluso los ciegos podrán ver. Llamo al cristianismo la única gran maldición, la única gran corrupción interna, el único gran instinto de venganza para el cual no hay medios lo suficientemente venenosos, subterráneos ni ruines. ¡Lo llamo la única e inmortal deshonra para la humanidad!

¡Y pensar que al tiempo lo medimos partiendo desde ese día fatal en que comenzó la degradación de nuestro destino, desde el primer día del cristianismo! ¿Por qué no hacerlo desde el último ¿Desde hoy? ¡Transmutación de todos los valores!

Ley contra el cristianismo

Dictada en el día de la salvación, el día primero del año uno (el 30 de septiembre de 1888 de la falsa cronología).

Guerra a muerte contra el vicio: el vicio es el cristianismo.

Artículo primero:

Es viciosa toda especie que se opone a la naturaleza. En el hombre, la especie más viciosa es el sacerdote que enseña a oponerse a ella. No hay nada que pueda hacerse entender al sacerdote. Su destino es el presidio.

Artículo segundo:

Cualquier participación en un servicio divino es un delito contra la moral pública. Habrá mayor rudeza en el trato dispensado a los protestantes que a los católicos, y a su vez será peor el castigo para los protestantes liberales que para los protestantes ortodoxos. La criminalidad del cristiano aumenta conforme se acerca a la ciencia. Por consiguiente, no hay mayor criminal que el filósofo.

Artículo tercero:

Se destruirá el sitio donde el cristianismo incubó sus huevos de basilisco; será temido a lo largo de los siglos como el lugar infame de la Tierra. Allí se criarán serpientes venenosas.

Artículo cuarto:

Predicar la castidad es una incitación a negar la naturaleza. El desprecio por la vida sexual, así como considerarla con el concepto de "impureza", es el verdadero pecado en contra del espíritu santo de la vida.

Artículo quinto:

Compartir la mesa con un sacerdote es falta suficiente para quedar expulsado, para excomulgarse a sí mismo de la sociedad honrada. A partir de hoy, el sacerdote es nuestro chandala: será prohibido, se lo obligará a morir de hambre, será expulsado a los desiertos.

Artículo sexto:

A toda la historia antes conocida como "sagrada", se la denominará ahora "maldita"; palabras como "Dios", "salvador", "redentor" y "santo" serán los nuevos insultos, como distintivo para los criminales.

Artículo séptimo:

El resto se sigue de aquí.

Obras principales de
Friedrich Wilhelm Nietzsche

Fatum e historia (1862)
Libertad de la voluntad y fatum (1868)
Homero y la filología clásica (1869)
El drama musical griego (1870)
Sócrates y la tragedia (1870)
La visión dionisíaca del mundo (1870)
El Estado griego (1871)
El nacimiento de la tragedia en el espíritu de la música (1872)
Sobre el porvenir de nuestras instituciones educativas (1872)
Cinco prefacios para libros no escritos (1872)
La filosofía en la época trágica de los griegos (1873)
Sobre verdad y mentira en sentido extramoral (1873)
Primera consideración intempestiva: David Strauss, el confesor y el escritor (1873)
Segunda consideración intempestiva: Sobre la utilidad y el perjuicio de la historia para la vida (1874)
Tercera consideración intempestiva: Schopenhauer como educador (1874)
Cuarta consideración intempestiva: Richard Wagner en Bayreuth (1876)

Humano, demasiado humano. Un libro para espíritus libres
(1878)
El caminante y su sombra (1880)
Aurora. Reflexiones sobre los prejuicios morales (1881)
La ciencia jovial. La gaya ciencia (1882)
Así habló Zaratustra. Un libro para todos y para ninguno
(1883- 1885)
Más allá del bien y del mal. Preludio a una filosofía del futuro
(1886)
La genealogía de la moral. Un escrito polémico (1887)
El Anticristo. Maldición sobre el cristianismo (1888)
El caso Wagner. Un problema para los amantes de la música
(1888)
Ditirambos de Dioniso (1888–1889)
El crepúsculo de los ídolos, cómo se filosofa con el martillo (1889)
Nietzsche contra Wagner Documentos de un psicólogo (1889)
Ecce homo. Cómo se llega a ser lo que se es (1889)

Bibliografía

Abraham, T. Últimos oficios de Nietzsche, Sudamericana, Buenos Aires, 2005.

Astrada, Carlos. Nietzsche, Rescate, Buenos Aires, 1992.

Bataille, G. Sobre Nietzsche, Taurus, Madrid, 1979.

Deleuze, G. Nietzsche y la filosofía, Anagrama, Barcelona, 1994.

Delhomme, Jeanne. Nietzsche: o el viajero y su sombra, Edad, Madrid, 1981.

Foucault, M. Nietzsche, Freud, Marx; Anagrama, Barcelona, 1972.

Habermas, J. Sobre Nietzsche y otros ensayos, Tecnos, Madrid, 1982.

Heidegger, M. Nietzsche, Destino, Barcelona, 2000.

Hopenhayn, M. Crítica de la Razón Irónica. De Sade a Jim Morrison, Sudamericana, Buenos Aires, 1999.

Massuh, V. Nietzsche y el fin de la religión, Sudamericana, Buenos Aires, 1985.

Morey, Miguel. Friedrich Nietzsche, una biografía, Editorial Archipiélago, 1993.

Nietzsche, Friedrich. De mi vida. Escritos autobiográficos de juventud (1856-1869), Valdemar, Madrid, 1997.

Safranski, R. Nietzsche. Biografía de su pensamiento, Tusquests, Barcelona, 2001.

Valesi, Esteban. Nietzsche. La máscara de Dionisos, Ediciones Lea, Buenos Aires, 2007.

Vattimo, G. Diálogo con Nietzsche. Ensayos 1961-2000, Paidós, Buenos Aires, 2002.